マサチューセッツ工科大学

MIT

音楽の授業

世界最高峰の「創造する力」の伸ばし方

BOOSTING CREATIVITY-
THE MUSIC PROGRAM in
MASSACHUSETTS INSTITUTE
of TECHNOLOGY

菅野恵理子

あさ出版

はじめに～世界最高峰ＭＩＴで音楽が学ばれる理由

未来を創る人は、なぜ人を知らなければならないのか

コンピューターや大型機械が並ぶ教室の隣に、ピアノやハープシコードが置かれている教室。廊下に流れてくる楽器の音や歌声。

掲示板に張られているコンピューター講座やグローバルスタディ講座の横には、近日開催されるＭＩＴセネガル・ドラムやＭＩＴラップトップ・アンサンブルの演奏会案内、ボストン交響楽団演奏会の学生割引のお知らせ。科学の最新研究書が並ぶ前を、ヴァイオリンケースを担ぎ仲間と話しながら横切る学生……。

これは、マサチューセッツ工科大学（通称ＭＩＴ／以下同）の日常風景である。

意外かもしれないが、この空間には、科学と音楽が自然に同居しているのだ。

一流の科学技術者やエンジニアを生み出している世界最高峰の教育機関といえば、ＭＩＴの名を思いつく人も多いだろう。

約1万名の学部生と大学院生、約２０００名の教授・教員を擁し、卒業生・教授・研究者の中には90名以上のノーベル賞受賞者がおり、多くの重要な研究成果を残している。

ＭＩＴの理念は、学術知と発見の喜びをもって世界の諸問題に取り組むことであり、それが多くのイノベーションを生み出している。

工科大学という名の通り、科学・テクノロジー・工学・数学、いわゆるＳＴＥＭ（Science, Technology, Engineering, and Mathematics）を重視しているが、一方、人文学や芸術科目にも力を入れているのをご存知だろうか？

ＭＩＴの研究科・学部は大きく分けて、「科学」「工学」「建築」「経営学」、そして「人文学・芸術・社会科学」の５つである。

人文学・芸術・社会科学も１つの学部であり、すべての学部生がその開講科目を必修として学んでいるのである。

中でも、音楽科目は人気が高い。

しかもこの10年でその比重は増しているという。開講科目は音楽史、音楽理論だけではなく、作曲、音楽とテクノロジー、室内楽やオーケストラなどのパフォーマンスまで実に幅広い。

実はＭＩＴは、タイムズ紙が実施する高等教育ランキング（Times Higher Education の World University Rankings）において、２０１９年度「芸術・人文学分野」の第2位にランクされている。

さらに２０２０年度には「社会科学分野」「経済・ビジネス分野」において第1位にランクされている。現役生たちも「ＭＩＴでこんなに本格的な人文学を学ぶとは思わなかった」と驚きを隠さない。

日本でも、昨今リベラルアーツへの関心がにわかに高まり、音楽を含む芸術、文学などを学び始める人が増えている。イノベーションを積極的に生み出すために、より戦略的な概念であるアート思考・デザイン思考も広まっている。

確かに、幅広い教養は人間の精神性を高めていくために大切なものである。

では、なぜ今、それらがさらに重要視されているのだろうか。

ＭＩＴがそれほど人文学に力を入れている理由は何だろうか？　人文学や芸術は、科学やＩＴに対して何を問うのだろうか？

学長ラファエル・ライフ氏（2020年現在）は、次のように述べている。

「水不足や食糧難、気候変動、デジタルラーニングなど世界の難題に立ち向かうには、科学や工学による新しい解決法が望まれています。

しかし、こうした問題は文化、経済、政治に根差しており、意味ある解決法にはそうした分野の叡智が反映されるべきです」

また、音楽学科長・作曲家のキーリル・マカン先生はこのように述べる。

「エンジニアたちは、創造的な問題解決法を編み出すために、人文学やアートの経験が役立つことに気づいています。それに、テクノロジーや科学技術の発達に伴う問題の多くは、人間性理解の欠如から来ています」

確かに、科学技術の発展による多くの発明や発見は、我々の生活をより快適に便利にしてくれる。

一方で、過度な技術革新やその運用面における問題や弊害も可視化されている。

今、もっとも注目を集める最新テクノロジーの1つ、AI（人工知能）もこの両面をあわせもっている。

こうしたＡＩのような最新科学技術が出現すると、「誰のために、何のために開発されるのか。どう運用されるべきなのか」といった問いに、早晩向き合うことになる。人間が生み出したものが、人間を凌駕することがあるのか？　機械が人知を超えるとき、何が起きるのか？　特にＭＩＴのような大学は、常日頃からそのような問題意識と向き合っている。

技術革新が進むほど、人間理解が求められる――これは一見矛盾しているように見えるかもしれないが、ＭＩＴの最新カリキュラムには明らかにこの考えが反映されている。

人間理解を深めること――これはまさに音楽の役割ではないだろうか。

「音楽で自分を知り、人を知り、世界を知ることができる」

ここ十数年ほど、音楽ジャーナリストとして世界各国の教育現場や国際コンクールなどを取材する中で、そんな音楽のもつポテンシャルの高さに触れ、大いに感銘を受けてきた。そして音楽の学び方や楽しみ方、解釈や演奏が実に多様であることも実感してきた。

そこで感じた感動や問題意識を踏まえ、アメリカの主要大学で音楽がリベラルアーツとしてどう学ばれているのかをリサーチした『ハーバード大学は「音楽」で人を育てる』（アルテスパブリッシング）を数年前に上梓した。

実はその後、読者や講演会場の方々から、「ＭＩＴでこんなに多くの学生が音楽を学んでいることを初めて知りました！」「科学、工学、テクノロジーなどと音楽をどう結びつけながら勉強しているのでしょうか？」といった驚きの声やご質問をたびたびいただいていた。私自身も、ＭＩＴの音楽学科についてもっと知りたいと思っていた矢先、幸運にも取材・執筆の機会をいただいたのである。

実際に取材してみると（２０１９年11月）、当初予想していた以上に音楽の授業内容が充実し、学生たちの水準も高く、さらに「音楽はまだ未知の可能性に溢れている」と感じたのだ。

それは、人間理解への深い共感に加え、ＭＩＴならではの創造の精神が、音楽授業の中に色濃く見出されたからかもしれない。

本書では、ＭＩＴの授業紹介に入る前に、「なぜ『科学』と『音楽』が共に学ばれているのか？」（第1章）という問題提起から始める。

科学技術だけが優先されると人間社会はどうなるのか、バランスのよい人間性を育むべきではないか——ＭＩＴでは、そんな問題意識が大学全体で共有された上で、カリキュラムの改善・修正が幾度となく行われ、現在に至っている。

ＭＩＴで音楽学科が生まれた経緯に触れながら、カリキュラム全体の中で音楽科目がどのような位置や比率を占めているのか、その価値について考察する。

第2章～第5章では音楽科目の授業内容を詳しくご紹介する。

自ら考え、発想し未来を創り出す「創造者」としてこの世界と関わるとき、どのような要素が大切になるかという観点から、便宜的に、次の4つの章に分類してみた。「人間を知る・感じる」「しくみを知る・創る」「新しい関わり方を探究する」「他者・他文化・他分野と融合する」

どの授業でも音楽そのものの価値を学ぶことはもちろんだが、その手法が興味深く、どのような素材（楽曲や教材）を用いるのか、何を問うのか、どのような議論の場を創り出しているのか、何を評価するのか、などがよく練られている。

他学部・他領域にも通底するような、学術的コミュニケーションスキルの部分にも着目していただきたい。

第6章「MITの教育から探る、未来を生きる世代に必要なこと」では、MITの教育理念や授業内容を踏まえながら、これから求められる教育について考察する。

「創造的な問題解決法を編み出す」ことを目指すMITの学生たちは音楽の学びを通して、どのような資質を身につけているのだろうか。MITならではのカリキュラムや授業内容の特徴を挙げながら、脳科学的な観点も参考にする。

第7章「『いま・ここ』と『はるか未来』を見据えて」では、数十年～数百年後の未来を見据えて「いま・ここ」から何ができるか、より大きな枠組みで、未来を創造することへ思いを馳せる。そして、それに対して音楽から学ぶべきものは何かを考えたい。

数式やコードを離れ、コンピューター画面や機械からも離れ、音にのみ身をゆだねるとき、音楽は何を伝えてくるのだろうか？　また音楽を通して、あなたはどんな自分を表現するだろうか？

音楽と創造の関係性などを交えながら、それを本書で解き明かしていく。

目次

第３章　しくみを知る・創る

第6章　MITの教育から探る、未来を生きる世代に必要なこと

第1章

なぜ「科学」と「音楽」が共に学ばれているのか？

人文学は、AIをどう捉えているのか？

2019年、MITでは最新のコンピューター学校（シュワルツマン・コンピューティング・カレッジ／以下SCC）が創設された。

これまで存在していたコンピューターサイエンス、人工知能研究（1960年前後より開始）、情報処理などの科目を統合し、さらに新たな視点を加えた総合的教育・研究機関となる。

単に最新技術を追究するだけではなく、学内のあらゆる学部と連携し、各分野にコンピューティング活用の可能性を広げ、また各分野の知見や洞察をコンピューティングの未来に生かし、社会・公共政策などにつなげてよりよい社会構築を目指す、という学際的・社会的性格をもつプログラムが想定されている。

さて、SCCの創設に先駆け、人文学・芸術・社会科学分野から、ある学際的かつ興味深い問いかけが行われた。AIについて、哲学・文化人類学・政治科学・言語学・音楽・演劇・倫理……などの専門分野がどう捉えているのかを問うたものである。

「あなたの分野の知識・視点・手法で、コンピューターの学術的研究に取り入れるべきものは？」「高度なコンピューティングによって、あなたの分野にもたらされた意味ある変化・機会は？」

つまりは、

「コンピューティングとAIを、人文学的な観点からどう考えるか」

ということである（同学部ホームページより「コンピューティングとAI〜MITの人文学的見地」）。

この問いを投げかけたのは、メリッサ・ノーブルス人文学研究科長・政治科学教授である。

「AI時代において我々は人間でいられるか？」「人間性を高めることができるか？」「より人間らしく、より公正で、持続可能な世界を創ることができるか？」という問題意識が前提としてある。

同教授の答えは、慎重な楽観性を伴った〝YES〟である。

理由としては、「これまで度重なる技術革新により、人間は新たな成熟のステージにたどり着いてきたから」。

と同時にこの最新テクノロジーについて、社会的・倫理的意味合いを考察しながら、より意識的に人間の中心的価値と結びつける必要があるともいう。

たとえば、潜在的な環境的・社会的コストは何か？　このテクノロジーが、正義・民主主義・プライバシーといったこれまで人間が成し遂げてきた成果を増幅するのか、後退させるのか？　と問いながら。

一方、テクノロジーと人間による分析を統合させることによって、解決できる複雑な市民社会問題も多い。こうした両側面があることを踏まえつつ、先述の問いを各学科教授に投げかけている。

本書では主に、第1の質問「あなたの分野の知識・視点・手法でコンピューターの学術的研究に取り入れるべきものは？」に対する各学科の教授陣の考えを簡単にご紹介したい。

「誰の」「何のために」をあらためて考える

「政治科学」教授陣は、昨今広く実施されているビッグデータ解析などに関して、解析方法だけでなく、データがどのように構築・分析されているのかといった背景文脈、すなわちデータ作成機関とその作成経緯などを学ぶことは、効果的かつ責任あるデータサイエンスに不可欠だと述べる。データは〝ニュートラルなものではない〟という認識からだ。

「データは社会的・政治的に構築されるもの。AIや機械学習から引き出される予測事項は、その基となるデータ作成プロセスの影響を否応なく受けます。この分野のリーダーとして国家や世界をよりよく導くには、分析するデータそのものの意義をしっかり認識することと、調査結果が何を暗示するのかを深く理解することが大事です」（同教授陣）

またコンピューターによる進歩をいかに享受し、また規制するかは、政治団体・歴史・支配体制・イデオロギーによって異なるため、政治学も学ぶべきだと提案する。

ＭＩＴの政治科学の授業ではすでに、オートメーションが働き方をどう変えているか、サイバーセキュリティの問題がいかに国家間の関係を変えているか、大人数の投票行動データを取得することが政治キャンペーンの行方をいかに変えているか、などについて学んできたそうだ。

「科学・テクノロジー・社会」学科ではグローバルスケールで、人々がコンピューターにどう関わるのかをあらゆる状況や文脈を考慮しながら学ぶ。

２００９年のインドの失敗例（世界最大の生体認証データベース構築を試みたが、移民労働者や高齢者などの認証取得が困難であったり、セキュリティが破られたり、データ複製や消去、さらにはデータ持ち出しやオンライン販売などの違法行為まで行われ、大変な社会的混乱を招いた）などを踏まえ、コンピューターシステムとその設計者が、現地の人々のニーズ、コンテクスト、政治的プロジェクト、情報インフラにどう応えるのかにも焦点をあてていく。

また社会・政治的文脈がテクノロジーの発展に関わることや、新しい情報インフラを構築するために、国家・文化・企業・コミュニティの境界を越えていく必要があること、などを学ぶのである。

それには「文化人類学」の観点も欠かせない。

コンピューターによるモデル構築は「現実の世界」の想定から始まるが、それ自体に文化的前提条件やローカルスタンダードが初めから組み込まれている。よって一部の人々の機会は最大値化するが、その他の人々の不利益になることもあり、モデルが中立的な処方だと捉えるのはリスクを伴う、と文化人類学の教授は指摘する。

たとえば、グローバル・パブリックヘルス分野において、コンピューターで設計された医療機器に組み込まれたスタンダードが、資源の少ない土地や熱帯地域には合わないだろうと指摘されている。

またデジタル時代の遺産――埋め立てたハードウェアから浸出した毒素が流れ込んだ地下水や、データセンターで消費した化石燃料――に意識を向け、コンピューターが地球温暖化に関与した形跡などを追跡することもできるだろう、と述べている。

「文化人類学的見地を取り入れることで、より実行力と責任感のあるプログラマー、デザイナー、エンジニアになれます。文化を理解し、さまざまな不平等を是正する政策や実行手段を考え出すことができるでしょう」（ヘザー・パクソン・ジュニアプロフェッサー）

こうした科学技術研究を支える思考力やものの見方は、「歴史学」「哲学」「文学」などで培われる。

「歴史学」のジェフリー・レイヴェル教授は、「物事の因果関係を考察するときの含蓄ある議論は、新しいテクノロジーの出現によって必然的に生じる問題を考えるための、思考の枠を与えてくれます」という。

つまり、出来事の要因・原因の複雑さ（例：１７８９年フランス革命により民主主義運動が広まったにもかかわらず、その４年後には恐怖政治が始まったという歴史的な流れ）を認めることは、現代の脅威を避ける方法を想像させてくれる。

テクノロジーの発展によって膨大な１次資料へのアクセスが可能になったが、「過去を検証し、現在を理解し、未来の方向性を考えるとき、コンピューターによる近道はありません。人間によるクリティカル・シンキング（批判的思考）が基本です」という。

「哲学」はつねに、なぜ？ と問い続ける。

哲学科のアレックス・バーン教授は、ＡＩとコンピューターが引き起こした問題として、プライバシーの侵害、差別（機械学習における偏見の混入）、過度な治安維持（監視）、民主主義の危機（Facebookの個人情報を不正利用して米大統領選の投票行動に影響を与えたケンブリッジ・アナリティカ事件）、知的財産権の侵害、企業の責任などを挙げる。

テクノロジー分野における倫理的思考については昨今意識が高まっており、SCCも理念の1つにしている。

またテクノロジーに関する倫理教育・研究を全学的に行うべく、倫理研究室設立の構想もある。

「AIは宇宙、遺伝学、脳科学、建築などにおける問題解決や、文学のテキスト分析にまで活用されています。コンピューターはこれからも世界に変化をもたらしていきますが、哲学的な問題はコンピューターによって解決することはできません。哲学は本質的に人の努力に負うものです」

では、「音楽」や「演劇」などの芸術はどうだろうか？

人間の創造力に触れ、あらゆる感情表現と向き合い、それらを理解し、表現し、また自ら創り出すことを体得できるのがこの芸術分野だ。

演劇芸術学科のサラ・ブラウン准教授によれば、ある学生が、コンピューターサイエンスでは理想とする答えを導くためにもっとも効率よい手段を探すが、演劇では非効率なことに身をゆだねたり、矛盾について探究したり、複雑な問題に対する解決法は1つではない、ということを体感したという。

「演劇をするとは、多様な視点を包摂すること。そして答えよりも、問いに関心をもつこと」と同准教授はいう。

「音楽」に関しては、この第1の質問に関する回答は紹介されていない。

しかし、これからご紹介する音楽学科の授業やインタビューが十分にヒントになるだろう。

またそれらを踏まえた上で、第6章、第7章で考察を加えている。

ＭＩＴ音楽学科の歴史
～創立当初から理論＆実践を重視

創立当初からのリベラルアーツ教育思想

ＭＩＴには、その教育理念を指す言葉がいくつかある。

もっとも古いのはラテン語で“Mens et Manus”――意識と手、思考と技術とでもいおうか。**「理論と実践を同等に重んじる」**という意味の言葉である。また、

“Maker Education”（創り手のための教育）

“Learning by Doing（実践を通して学ぶ）

――これらの言葉もＭＩＴで長年受け継がれてきている教育理念である。

それを証明するように、**78％の学生がこの「もの創り」精神への共感から**ＭＩＴに入学しているという。

また**85％の学生は、最終プロジェクトに「何かを創る」授業を好んで履修**しているという

統計もあり、それは音楽においても例外ではない。

この教育理念が、実際の授業にどう反映されているかは、第2章以降で紹介していくとして、ここではまず、「人文学・芸術・社会科学部」および「音楽学科」の歴史を追ってみよう。

創立20年後に初の音楽グループ、100年後に音楽学科が設立

MIT創立は1861年、開校は1865年である。では、19世紀半ばのボストンはどんな雰囲気であっただろうか。

ボストンは1620年にイギリスから渡ってきた清教徒が入植した、全米最古の町の1つであり、1636年には米国最古の神学校ハーバード・カレッジ（現在のハーバード大学）が創立された。

それから約1世紀半後には、ボストン茶会事件などをきっかけに独立運動・戦争の機運が高まり、1776年にアメリカ合衆国として独立し、すでに始まっていたイギリスの産業革命の影響を受けて、アメリカは近代化の道をたどり始めた。ドイツ移民のピアノ製造者により1853年に創立されたニューヨーク・スタインウェイ&サンズ社は、1855年以降の全米産業フェアや、1867年パリ万国博覧会などで、早くも高い評価を得ている。

こうした商工業の発達に伴い、ボストンには開拓移民第1世代を先祖にもつボストン・ブラーミンと呼ばれる社会階層が増え、富裕層市民が教育や芸術に財を投じるようになっていた。

1869年にハーバード大学学長に就任したチャールズ・ウィリアム・エリオットは、カリキュラム自由化改革を推進し、歴史学、政治経済学、自然科学の3つの新興学科を加えるべきだと提案した。ハーバード大が音楽学科を創設・拡張していったのもこの前後である（詳しくは拙著『ハーバード大学は「音楽」で人を育てる』／アルテスパブリッシング）。

MITが創立されたのは、そんな最中である。

したがって、創立時から技術的訓練と幅広い教養を統合した人材育成を教育理念として掲げているのも、自然な流れと思われる。

当初より、数学、物理科学、自然科学、英語および他の現代語、心理、政治科学などが教えられた。ちなみにこの時期、ハーバード・MITともに政治学系の科目が設置されており、独立国家としてのよりよい社会構築を目指して一歩を踏み出したことがうかがえる。

MITでは1884年に初めての音楽グループが結成され（第2次世界大戦後に音楽学科へと発展していく）、1890年代にはMITオーケストラが結成された（一度解体されたが1947年に再結成）。バンジョー楽団、グリークラブも発足し、この頃から音楽活動は活発に行われていたことがわかる。

１９３０年代には人文学科が創設された。学位授与はできないものの、英語、歴史、経済学、言語学などの科目のほか、社会学、労使関係、政府、国際関係、法律、哲学、心理、文学、音楽、芸術などの教育も幅広く受けもっており、さらには演劇、音楽、美術などの課外活動の監督責任も負っていた。

１９５０年には「人文学・社会学学部」が設立され、その5年後には科学や工学とのダブルメジャーも可能に。また独自での学位授与が可能となった。さらに後年「人文学・社会科学部」に改称。１９６０年代になると段階的に学科設置に至り、１９６１年には音楽学科が設立された。

１９７０年代にはコア・カリキュラムが大幅に再編され、人文学、芸術、社会科学から最低１科目ずつ履修することが義務づけられた。ここで重要な点は、これがすべての学部・学科の教授委員会によって決定されたということ、つまりどの分野においても人文学・芸術・社会科学の必要性を認識し始めたということである。ここに現在のカリキュラムの原型が見られる。

１９８０年代後半から芸術科目もさらに増え、２０００年には「人文学・芸術・社会科学部」へと名称変更されている。

そして昨今はさらにこの3分野における必修科目化が強化され、選択科目の幅も広がり、芸術重視傾向が加速してきた印象を受ける。

幅広い音楽の学び～音楽学科にある4つの領域

MITの音楽学科には、「文化・歴史」「作曲・理論」「音楽テクノロジー」「演奏実技（パフォーマンス）」の領域があり、【図版001】のような科目が開講されている。なお第2章～第5章では、いくつかの授業例や教授インタビュー、学生への質問などを紹介する。

毎年1500名が音楽科目履修！～人文学・芸術科目は全体の4分の1

現在、全学部生4000名ほどの中で、毎年1500名ほどが音楽科目（約500名がパフォーマンスクラス）を履修しているそうだ。またMIT新入生のうち50％が音楽経験があり、約2300名の学部生が少なくとも1回は音楽の授業を受けているという。興味深いのは、音楽未経験者も多く音楽科目を履修しており、同じクラスでさまざまなバックグラウンドの学生が交じり合っていることである。

図版001 MITの音楽学科開講科目

文化・歴史

「西洋音楽史入門」「オペラ」「ザ・ビートルズ」「ワールドミュージック入門」「アフリカの音楽」など、クラシック、ジャズ、ポップス、民俗音楽まで幅広く音楽を学ぶ。

作曲・理論

「ハーモニーと対位法」「調性音楽の作曲」「20世紀音楽の作曲」「ジャズ作曲技法」など、クラシックからジャズまで作曲技法や楽曲分析を学ぶ。

音楽テクノロジー

録音技術、ミキシング、マスタリング、サウンドデザインなどの基礎から、デジタルオーディオのアルゴリズム解析を学ぶ「音楽プロセシング入門」、リアルタイムグラフィックスやインタラクションデザインを学ぶ「インタラクティブ・ミュージック・システム」、「電子音楽の作曲」などがある。

演奏実技（パフォーマンス）

オーケストラ、室内楽、ジャズアンサンブル、ラップトップ・アンサンブル、合唱、ガムラン、セネガル・ドラムなど（要オーディション）。エマーソン奨学金での個人レッスン受講や、アドバンスレベルと認定された学生はエマーソン・フェローシップにより個人レッスンが単位化される。

ちなみに、全学生の必修科目は【図版００２】の通りである。

人文学・芸術・社会科学の必修科目には、より多くの人文学系分野に触れるための分散型の必修（Distribution）と、１つの分野を集中して学ぶ専修型の必修（Concentration）があり、学生に幅広く教養を身につけることを求めている。この８科目で、卒業単位の約25％に相当する。

音楽学科長マカン先生によれば、**「この10年で音楽科目履修生が50％増加」**しているそうだ。実は10年前、数学・科学系の必修要件は据え置きのまま、人文学・芸術系科目が大幅に改定されたという。数年にわたる協議の末、「学生により幅広い学びをさせる」という決断がなされ、それがこの結果に結びついている。ここで音楽科目履修の選択肢をまとめておこう（【図版００３】）。

さらに、学術知識や自分の意見を効果的に発信・発言するための、コミュニケーションスキルやライティングスキルを高めることを目的に、「コミュニケーション・インテンシブ科目（Communication Intensive in the Humanities, Arts, and Social Sciences、以下ＣＩ-Ｈと表記）」が必修とされている。

これは、アカデミックスキルとしてのコミュニケーション要素を重点的に取り入れた科目であり、学部課程の４年間において４クラス以上の履修が必修となっている。うち２クラス

図版002 全学共通の必修科目～すべての学生が学ぶものとは？

・科学（6科目――科学・物理・数学・生物学）

・科学とテクノロジー（2科目）

・ラボ（1科目）

・人文学・芸術・社会科学（8科目）

↓

【内訳】全学共通必修としての人文学・芸術・社会科学
・人文学必修（Distribution）―――― 1科目
・芸術必修（Distribution）―――― 1科目
・社会科学必修（Distribution）―――― 1科目
・特定分野の専修（Concentration）―― 4科目
・自由選択（Electives）―――― 1～2科目

＊上記のうち、2科目以上を「コミュニケーション・インテンシブ科目（CI-H）」から選択することが必要。
＊上記のほか、「運動・ウェルネス教育」として、4クラス（8単位分）と水泳が1年次必修となっている。
＊1年間で8～8.5科目、4年間で合計32～34科目が卒業要件の目安。

「音楽副専攻」として6科目

「文化・歴史」「作曲・理論」「音楽テクノロジー」「演奏実技（パフォーマンス）」の領域より6科目を選択する。2019年度は44名。58ある副専攻中、もっとも人気の1つ。

「音楽主専攻」として10科目以上

すべての領域を学ぶ。

2019年度は20名（全員が他学科とのダブルメジャー）。

必修科目は、音楽理論、音楽史、民俗音楽学、演奏実技（1学期以上の履修も可能。ただし1科目として換算）、アドバンス・セミナーの5科目。残りの5科目は自由選択。どの領域に比重を置くかは自由である。

授与学位は「科学学士（音楽）」、ジョイントメジャーとして「科学学士（人文学と工学）」、「科学学士（人文学と科学）」がある。

＊専修・副専攻・主専攻には、それぞれアドバイザーがつく。

図版003　音楽科目履修の選択肢～どれくらい音楽を学ぶ？

「芸術必修」として1科目

音楽の場合は、12単位の科目（または6単位のパフォーマンス科目を2つ）がこれに相当する。

「専修科目」として4科目以上

以下の分野から1つを選ぶ。

中でも音楽は人気で、2019年度は226名が音楽専修として学んだ。

「音楽」「アフリカとアフリカ・ディアスポラ研究」「アメリカ研究」「古代・中世研究」「文化人類学」「考古学と考古科学」「アート、文化、テクノロジー」「アジアとアジア・ディアスポラ研究」「比較メディア学」「コンピューティングと社会」「開発経済学」「経済学」「倫理学」「グローバルスタディと言語学」「中国語」「第2言語としての英語（ELS）」「フランス語」「ドイツ語」「日本語」「ポルトガル語」「ロシア語」「スペイン語」「その他言語」「国際文学と文化研究（SILC）」「言語学理論」「歴史」「建築、アート、デザインの歴史」「ラテン・アメリカとラテン・アメリカ人研究」「法学」「言語学」「文学」「中東研究」「哲学」「政治科学」「宗教学」「ロシア・ユーラシア研究」「科学、テクノロジー、社会（STS）」「演劇芸術」「都市学」「女性学・ジェンダー学」「ライティング」

＊自由選択科目として、さらに1～2科目履修可能。

は人文学・芸術・社会科学から、2クラスは専攻分野から選択する。

音楽科目の中でこれに相当するのは、「西洋音楽史入門」（p61）、「ワールドミュージック入門」（p90）、「英連邦と北米の民俗音楽」「音楽・文学・文化における超常現象」である。

この内容についても第2章の授業内容でご紹介する。

芸術科目必修！　音楽の学びとは～音楽学科長キーリル・マカン先生

MITでは多くの学生が音楽を履修している。しかもこの10年で音楽科目履修生が50％増えているという。なぜ音楽科目の重要性は増しているのだろうか。音楽学科長で作曲家でもあるキーリル・マカン先生に伺った。まず音楽学科の概観から――。


「現在開講中の音楽科目には、いくつかの異なるアプローチがあります。

演奏実技科目には、ソロ、アンサンブル、オーケストラ、合唱などがあります。

音楽理論や作曲もあります。理論は作曲とは別のクラスですが、どのように音楽が生まれたのかについての内的な学びを踏まえ、学生自身に音楽を書いてもらう機会を与えています。

より学術的なアプローチとしては、音楽史や民俗音楽学があります。

さらに異なるアプローチとして音楽テクノロジーがあり、音楽とエンジニアという、MI

T学生の関心のある2分野をつなげることができます。この分野は大変人気があり、これからさらに増やしていく予定です」

近年履修生が増えているのは、音楽テクノロジー、ジャズ、ワールドミュージック入門だそうだ。

また、アフリカ音楽やセネガル・ドラム・アンサンブルのクラスも大変人気があるという。セネガル・ドラムには60名ほどの履修生がおり、女子学生も多い。MITのいい点は、男女比が比較的均等であることだとマカン先生はいう（MITのホームページによれば、2019年度入学生の男女比は、男性53％、女性47％、その他のジェンダー・アイデンティティが1％未満）。


マカン先生はアドバンスレベルの作曲セミナーを担当しているが、学生たちには音楽をどのように学んでほしいのだろうか。

「私の作曲クラスは、すでに理論や作曲などいくつかのクラスを履修している学生が対象です。ほかのクラスでは調性の曲、現代曲、ジャズなど、モデルとなる形式・様式がありますが、このクラスには一切ありません。

作品は公開演奏されます。これまでは学生が創った曲をプロに演奏していただいていましたが、来学期はMITシンフォニーオーケストラのために曲を書いてもらう予定なので、オーケストラメンバーとのリーディングセッション（第3章参照）を行うことになりますね。学生によって音楽経験や知識量には違いがありますし、与えた情報がいつでも記憶されているとも限りません。

そこで**作曲という創造的行為のプロセスについて、よりフォーカスするようになりました。音楽がどのように成り立っているのかを理解し、卒業後も、音楽が彼らの人生の一部であり続けてもらえるように。**

ですから、専門的な知識そのものよりも、好奇心や知的興奮を高めることに注力しています」

音楽の真髄に触れながら、どの分野にも通用するような本質的な学び方が貫かれている。ではあらためて、なぜＭＩＴでは多くの学生が音楽を学ぶのだろうか。

「多くのエンジニアが、創造的な問題解決者となるには、アートや人文学での経験が必要であることを認識していると思います。それに、テクノロジーや科学的発達が直面している問題の多くは、人間性への理解や関心の欠如など、エンジニア以外の領域で起きていることが関わっています。

音楽プログラムが始まって約60年経ちますが、その重要性は増していると思います」

今回いくつか授業を見学して感じたのは、科学・工学・コンピューターサイエンスなどあらゆる学部の学生が音楽科目を履修していること、誰もが真剣に授業に取り組んでいること、ディスカッションに積極的に参加していること、音楽を注意深く聴き、よく観察し、自分の知らないこともよく探究し発見しようとしていることだった。

「MITの学生はとてもユニークですね。彼らは大変成績優秀で、ハーバードやイェール、プリンストン大学などに行ける学力をもっています。

でもMITを選んだ理由には、もちろんエンジニアへの関心がありますが、それだけではなく、MITがものを創る人を高く評価することや、好奇心を尊重することにもあります。

また彼らにはよく聴く姿勢ができていて、自分の知識をひけらかしたりする態度はあまり見られません」

音楽学科長のキーリル・マカン先生
© Adrianne Mathiowetz

確かに、MITの哲学の1つは、もの創りをする人の教育（Maker Education）だ。

もちろんSTEM（科学・テクノロジー・工学・数学の頭文字を取ってつなげた単語）は重要だが、アートや人文学も、彼らの人生にとって人として必要なもの。今はSTEAM（STEMにARTを加えた単語）と呼ばれることが多いが、MITはまさにこれを体現している。

その存在自体がアメリカや全世界にとって意味あるメッセージとなるだろう。

なお、MITでは2023年、新しい音楽学科棟が完成予定だ。新しいコンサートホール、リハーサルスペース、練習室、音楽テクノロジー関連の設備などが備えられる。現在の音楽学科室も残されるので、拡張されることになる。

「これはMITが音楽にコミットしている証でしょう」とマカン先生も期待している（現在ファンドレイジングも実施中）。

コラム

ダブルメジャー生の1日は？ 音楽×専門分野で何を生み出したいか

学生たちはどのように幅広く音楽を学び、どう専門分野の勉強と両立させているのか、どのような将来像を描いているのか、また彼らはどのような1日を過ごしているのだろうか？

第2章からの授業紹介に入る前に、まずその概観をお伝えしたい。

MITでは音楽を教養または副専攻として学ぶ学生が大半であるが、中には音楽を主専攻とする学生もいる。

現在音楽主専攻は20名で、全員が他学科とのダブルメジャーである。

主専攻の必要要件は、必修科目5科目（音楽理論、音楽史、民俗音楽学、演奏実技、アドバンス・セミナー）と、自由選択5科目。

その必修科目の1つ、「アドバンス・セミナー」はいわば集大成的な授業である。3〜4年生を中心に、さまざまなテーマに関するディスカッションを行い、最後には研究論文が課される。

担当教授のエミリー・リッチモンド・ポロック先生に、授業内容についてお伺いした。

「学期前半に研究論文のトピックを選んでもらい、さまざまな観点から研究を進めていきます。たとえば古代ギリシアや中世で音楽が科学として捉えられていたことや、音楽と解剖学、音楽と哲学についてなど、内容は科目横断的です。

毎回のリーディング＆ディスカッション・トピックは私が選びますが、今学期は特に音楽における科学とテクノロジーの歴史について扱っています。毎週さまざまな本や資料のリーディング（毎週約２０００語）もあります。決して少ない分量ではなく、内容に関する質疑応答もありますが、皆きちんとこなしていますね。

テーマに対する自分なりの答えを用意してきて、クラスでのディスカッションに積極的に参加することが彼ら自身の成果になります。クラスに向けて準備すること、自分の意見をもつこと、ディスカッションの内容について深く知ること、答えを自分なりに考えること、それ自体がおもしろく、また価値あることだと思います。

ですから授業に参加し、研究論文を提出すれば単位を与えます。

今日のトピックは『音楽メディア』。

どのように音楽を聴いているか、各メディアの長所・短所、音楽にどれだけお金を払っているか、この問題をどのように捉えて取り組んでいるかといった質問や、リーディングに対する質問・ディスカッションを行います。

３時間という長丁場のため、途中で一度休憩を入れ、学生同士でソーシャライズしてもらいます」

この日のセミナーでは、オペラ普及の歴史と録音による聴衆の変遷、録音技術の発達と演奏の変化、ホールの音響と録音、音楽メディアの発達と音楽聴取の変化、リアリズム追求かクリーンな演奏か、音楽メディアの新しいビジネスモデルなどが討論された。皆活発に発言し、自分の意見や経験をシェアしていた。

自らの体験を多く積み、そこから何かに気づき、そしてさまざまな文献も参考にしながら考えを深めること、これが創造者としての基本姿勢だと感じる。

そんな彼らはこれまでどのように音楽を学び、このクラスではどんなテーマで論文を書くのだろうか。音楽のさまざまな知識や体験と、専門分野の知識や技術を掛け合わせることで、どのような相乗効果が生まれるのだろうか。そして、多忙な彼らはどんな一日を過ごしているのだろうか？

音楽と専門科目をどのように生かしている？

【ラッセルさん（コンピューターサイエンス＆音楽のダブルメジャー）】

「本格的にクラシックの音楽教育を受けていたわけではありませんが、8歳の頃から教会で合唱をしていました。6年生・8年生でギターに挑戦し、リュートも演奏します。でも自分の声が第1の楽器であることに気づき、MITでは声を音楽表現に生かすことに取り組んでいます。声は最たる人間的な要素だと思います。同時に、音楽とテクノロジーを融合させることにも興味があり、それを生かして人間の声を探究しています」

【タイアーさん（材料科学&音学のダブルメジャー）】

「小さい頃から演劇を習っていて、12歳のときにオペラのキャストに選ばれて出演し、その後ヴォーカルレッスンに通うようになりました。クラシックの伝統的歌唱法の教育を受けましたが、ミュージカルも大好きです。MIT入学後、エマーソン奨学金のオーディションを受け、クラシックとジャズ両方の声楽で合格し、未経験でしたがジャズで奨学生になりました。ジャズも大好きです。

論文テーマはもう1つの専攻科目と関連させ、ギターのサステイナビリティ（持続可能性）をテーマにしました。

ギターがどのように創られているのか、どこの木材を利用しているのか、森林皆伐したり、希少動物を使ったりしていないか、どのような部品が使われているのか、ギターの生涯サイクルとは、弾かれなくなったギターをどうするのか、歴史遺産として残しておくのか、分解してまた新しいギターを創るのか、または木材以外に使える資材はないか、環境への影響はどうか、従来のギターと音色は変わるのか、などをリサーチします」

【リンダさん（コンピューターサイエンス&音楽のダブルメジャー）】

「4歳の頃からピアノを習っていましたが、途中で飽きてしまい、母が代わりにクラリネットを買ってきてくれました。中学校から始め、高校では真剣に取り組み、オーケストラでも演奏していました。

MITではアンサンブルに参加したり、音楽テクノロジー、電子音楽、作曲を学んだりもしました。論文テーマは、音楽の推奨システムに関して。i-TunesやSpotifyなどさまざまなタイプのプラットフォームを比較考察しています」

【エリサさん（機械工学&音楽のダブルメジャー）】

「4歳からピアノを習い、国際コンクールにも出場していました。高校時代までの夢は、ジュリアード音楽院に入ることでした。作曲もしていて、MITでは作曲や音楽史のクラスも多く履修しています。エマーソン奨学生で、1年次にはソロリサイタルにも出演しました。

今は主に室内楽（トリオ）をやっています。

論文テーマは音楽と機械工学を組み合わせた、ピアノのメカニズム・構造の考察です。ピアノの製作者や技術者にもインタビューし、ピアノが製作される過程において、どのような判断や決定プロセスがあるのかを考察しています」

どのように時間を使っているのか？

忙しいMIT学生の中でも、彼らはダブルメジャーとあって、多忙を極める毎日を送っている。彼らはいつ勉強し、どこで頭を切り替え、どこで作曲などの創造活動をするのだろうか？

たとえばこの「アドバンス・セミナー」では毎週2000語近い長文を読んでくることが宿題になっているが、これに対してポロック先生は、「どのようにスキム・リーディングするかを考えて」といつも伝えているそうだ。

スキム・リーディングとは、大意と要点を把握する読書法である。学生たちもそれを実践しているようである。

「このクラスではフーコーやハイデガーなどの哲学者が多く登場し、リーディング量も多いです。ただ私が履修しているテクノロジー政策のクラスではさらにリーディング量が多いので、スキミング読書をよくしています」（タイアーさん）、「やることがたくさんあるので、時間を区切って宿題をしたり、リーディングをしたりしています。クラスに貢献するためにできる限りの努力はしています。締切はパワフル！」（ザックさん／数学&音楽のダブルメジャー・テューバ奏者）。

中には、2科目のリーディングを同時にするという強者もいる。

また、演奏実技科目を取っている場合、夕方にリハーサルが行われるので時間捻出は大変だ。

「夕方17時～19時はプールで泳ぎ、アンサンブルがある日は8分前にプールから上がって着替え、19時からのリハーサルに参加していました。ですから、1・2年次には、月曜日から木曜日まで夕食を食べられませんでした。

でも、私にとってリハーサルは、リラクゼーション時間なんですね。アンサンブルは楽しいし、気分が高揚しますから。多少疲れても完全に気分をリセットしてくれます。そして夜22時からほかの科目の勉強をします（こんな時間から始めるのは身体によくないですけど・笑）。もし疲れている場合は21時に寝て、翌朝5時に起きて勉強したり、あるいは深夜2時から3時間睡眠を取り、日中に20分ほど昼寝したりすることもあります」（リンダさん）

では、音楽とそれ以外の科目でどのように切り替えをしているのだろうか？

「テクニカルな領域と音楽の領域を、自分の頭の中では分けて捉えています。数学を取っていた学期は、日中は数学、夜にオーケストラのリハーサルに参加するというスケジュールでした。一時的な分離ですね」（ジェレミーさん／電子工学&音楽のダブルメジャー）

一方、あまり領域を分けないという学生も。

「私は領域を完全には分けないですね。時間の使い方としては、キャンパス外に住んでいるので、大学にいる9時～18時は勉強に集中します。リーディングや他クラスの宿題をしたり、レクチャーやレシテーションに出席したりして、帰宅後に宿題に取りかかります。

MITでは声楽、ヴァイオリン、作曲などを学んでいて、人々や異文化とつながる手段としての音楽に興味をもっています」（エミリーさん／環境工学&音楽のダブルメジャー）

作曲はいつするのか？

作曲科目を履修している学生も多いが、作曲にベストなタイミングはいつだろうか？

「前のクラスから次のクラスへ歩いて移動する途中が、自分にとっては創造によいタイミングです。ピアノの前に座り、作曲をします。クラスの前後にピアノが必要！」（ザックさん）

「エレベーターの中で思いつくことがありますね。家にはピアノがあるので助かっています。課題や宿題をしなくてはならないのに、そんな気分になれないとき、でも生産的なことをしていない罪悪感があるとき、じゃあ作曲しようかな、と。それでハッピーになります！」（ケイティさん／機械工学&音楽のダブルメジャー）

ダブルメジャーである彼らは多忙を極める毎日を送っているが、学びを積み重ねてきた自分への信頼、学びを共有してきた友人や仲間、創造する喜び、そして将来の目標があり、実に生き生きとしていた。

第2章〜第5章は、誰よりも幅広く学んできたであろう彼らの軌跡をたどるようにお読みいただきたい。

第2章

人間を知る・感じる

第2章概要

人間を知る・感じる

人間を知るとは、今この社会で生きている人々の消費動向や趣味嗜好を知るだけではない。今とは、歴史上および地理上の一点に過ぎない。もし今までにない社会を創造する必要があるならば、もっと広く「人間とは何か」を知る必要があるだろう。しかも太古から紐解くのである。

人類が大陸を移動しながら全世界へ拠点を広げ、各地で社会集団を形成していく中で、土着の音楽文化が生まれた。人はどのような社会的条件の中で生活し、どのようにこの世界と関わり、どのような感情をもち、それをどのように表現していったのか。

音楽を通して、人間が生きてきた風土や歴史の違いを知り、また、人間がもつ普遍的な感情に触れることができるだろう。

音楽はまた高度で知的な創造物でもある。

我々が慣れ親しんでいる西洋起源のクラシック音楽は、中世・近代・現代に至るまでさまざまな表現様式と作品を生み出してきた。

愛、喜び、怒り、悲しみなど、すべての人がもつ多様な感情が、理念や信仰心といった大いなる存在への敬意と信頼が、人間が抗えない悪魔や背徳への魅惑と悔恨が、あるいは神話や歴史からの教訓が、音楽には刻まれている。

音楽には人間そのものが表現されているのである。

1000年以上にもわたる音楽の歴史は何を伝えてくれるのだろうか。

この章では、「西洋音楽史入門」「ワールドミュージック入門」「オペラ」「ザ・ビートルズ」の4授業を、

・何を学ぶのか~目的
・クラスはどのように進められるのか
・どう学ぶのか~クラススケジュールと課題
・成績評価
・担当教授・講師インタビュー

という流れに沿ってご紹介する。

なお、本章「人間を知る・感じる」でご紹介する音楽科目は、**タテの軸**（「西洋音楽史入門」などで学ぶ歴史的推移）、**ヨコの軸**（「ワールドミュージック入門」などで学ぶ地理的広がり）、**奥行き**（「オペラ」などで学ぶ人間感情の幅広さや奥深さ）と、あらゆる方向に視野を広げるきっかけになっている。

まずはこれらの曲を聴くだけでも、今までとは異なる音に意識を傾けることになり、潜在的に捉えている世界の領域が拡張され、多様性の理解が進むだろう。

読者の皆さまにもぜひ本書に登場する曲（特にアミカケの曲／各章ごとにまとめたＰＬＡＹＬＩＳＴには、実際に授業で取り上げられた曲を掲載している）を、聴いてみていただきたい。

《西洋音楽史入門》
創造の歴史をたどる

何を学ぶのか～目的

音楽は人類とともに生まれ、古代から現代に至るまで、さまざまな文化の中で育まれてきた。そして、人間の豊かな感情を表現し、共同体や社会の結束を深め、自然の美しさや宇宙の壮大さを讃えてきた。

音楽史をたどるとは、人間の音による表現と創造の歴史をたどることである。


厳かな中世やルネサンス期の教会音楽。

ルネサンス後期からバロック期にかけて台頭してきた神話や人間ドラマを描くオペラ。

器楽中心の楽曲や、さまざまな舞曲が様式化されてきたバロック期。

交響曲、弦楽四重奏曲、ピアノソナタなど形式美の追究と発展が目覚ましい古典派音楽。

個人の深い心情や意志が表出するロマン派音楽。

長調と短調という調性音楽の枠から出て新しい響きを追究した近代。

新しいジャンルとの融合など、実験的な曲も多い20世紀の音楽。


その他、音楽はその時代によって大きく変化してきた。

最初は耳慣れない音楽も多いだろう。でもその耳慣れなさこそが、今まで知覚したことのない音を意識し始めている証であり、思考回路や感覚が広がっていく起点となるのである。

さらにそれらを理解する段階まで引き上げるには、「音楽をどう聴くのか」という観点が大事になる。音楽の経験者と初心者が交じり合うというＭＩＴの授業では、どのように音楽を学んでいるのだろうか？


西洋音楽史入門は、もっとも基礎的なクラスである。

およそ１０００年におよぶ西洋音楽史を一気にかつ網羅的に学ぶ。

毎週90分レクチャーを１回（全クラス合同）と、60分レシテーション（各最大18名×３クラス）を２回という授業構成で、１学期ですべてを網羅するため、３週間でほぼ１時代ずつという迅速さであるが、効率的かつ効果的に授業が進められている。

レクチャーではパワーポイントやスライドを使っての解説や、生演奏を聴く機会もある。

その後のレシテーションは、レクチャーで聴いた演奏や音楽について体感したことを話し合ったり、楽曲や専門用語について学び、耳で聴いたことを言葉で表現したりするトレーニングにもなっている〈教材はジョゼフ・カーマン著『聴く』〈Joseph Kerman "Listen" W. W. Norton & Company; 9th Edition〉。コードを購入してそれを入れればオンラインで指定の楽曲が聴けるようになっている〉。

このクラスは人文学分野における「コミュニケーション・インテンシブ科目（CI-H）」に指定されており、4年間で必要なだけ履修しなければならない科目群の1つである。そのため、新入生だけでなく、他の学年や音楽経験のまったく異なる学生が交じり合うクラスである。問いの立て方やエッセイの書き方などの指導もあり、学術的コミュニケーション力を高めるためにどのような課題が出されているのか、あわせて追ってみたい。

担当講師は、レクチャーがマーティン・マークス先生、レシテーションがテレサ・ネフ先生ほか1名。今回は11月後半のレシテーションを取材させていただいた。

クラスはどのように進められるのか～11週目レシテーションbより

このクラスでは各時代の様式・形式や慣例を、実際の曲（毎週3～4曲）を通じて学ぶ。曲の何を聴けばいいのか、どう解釈すればいいのか、リズムやハーモニー、形式などの音楽的要素だけでなく、同時代のほかの作曲家や作品、ほかの芸術分野との関連性など、聴き取りのポイントは多様である。

音楽史を見渡すとともに、音楽の聴き方を総合的に学ぶことも、本クラスの目的だ。

ではその様子を一部ご紹介しよう。

この日は「第一次世界大戦前のヨーロッパを先導するモダニスト」「1920〜30年代のジャズ風協奏曲へ」がテーマである。

■わかりやすいモティーフから類推していく

「皆さんはこの木版画を知っていますか?」

動物たちが1人の狩猟者を担いで行進している木版画を見せるネフ先生。

動物たちはどんな様子や表情なのか、なぜ狩猟者を担いでいるのか、楽しそうな行進なのか、悲しい行進なのか、本当に悲しんでいるのか……。

そんな質問を投げかけると、学生が次々と答えていく。

「自分たちを殺す立場である狩猟者を葬っている」

——そう、実はこの木版画はアイロニーなのである。これからグスタフ・マーラーの交響曲第1番 第3楽章がインスパイアされたという。

それがわかると、次々にアイロニーを示す音楽要素を探していく。

「フランスの民謡『フレール・ジャック』がモティーフとして使われているが、長調ではなく短調である」「リズムが葬送行進曲である」などが挙げられた。

　このように最初は葬送行進曲風であるが、途中から舞曲風（マーラーの出自であるユダヤ音楽からモティーフを拝借したもの）になる。楽曲形式でいえばAセクション－Bセクションである。さらにトリオをはさんだ後、A′が再現される。

　この楽曲形式も音楽解釈には欠かせない要素で、これ以降の授業にも必ず登場する語彙である。

　こうして少しずつ音楽を紐解きながら、リズム、メロディ、ハーモニー、形式、作曲の意図などに言及していく。

　音楽をどのように聴き、どう解釈すればよいのか――音楽史だけでなく、曲の構造や聴き方も同時に学んでいくのだ。

「皆さんはパリ万博を知っていますか？」

　次の曲もわかりやすいつかみから入る。

　1889年パリで行われた万国博覧会では、フランスのシンボルとなるエッフェル塔が建設されたほか、東洋の音楽や楽器がクロード・ドビュッシーやモーリス・ラヴェルなど音楽家や芸術家たちに大いに刺激を与えた。

特にインドネシアのガムラン音楽に魅せられたのがドビュッシーである。

西洋音楽にはない音階（たとえば5音音階は1オクターブを5音に分割した音階で、民俗音楽などでよく使われる。次項「ワールドミュージック入門」も参照されたい）などを聴き取り、自らの作品に応用した。

またドビュッシーは、クロード・モネ（代表作に『印象・日の出』や連作『睡蓮』など）などの印象派画家からもインスピレーションを受け、豊かな色彩を音楽に反映させようとした、とネフ先生は解説していく。

それからある曲を流す……。

「音楽から〝色〟が聞こえましたか？」

これらが反映されているのが、ドビュッシー『3つのノクターン』の第1曲「雲」である。

まず楽曲形式が「A－B－A′形式」であることを確認した上で、Aセクションから読み解いていった。クラリネットとファゴットが雲のモティーフを奏で、その後にヴァイオリンが続く。そしてコーラングレ（イングリッシュ・ホルン）による旋律が独特の色彩感を放つ。

Bセクションに移ると、フルートとハープが新たな旋律を同時に奏で、それにヴァイオリンが続く。5音音階（ペンタトニック・スケール）を使うことで、不安定でたゆたう感じに。また全体に「拍感がない」「どの調にも属していない」ように聞こえるよう、非常に正確に記譜されていることが説明された。そして「ドビュッシーの音楽では色彩感がもっとも大事」という先生の言葉に、学生も納得していた。

「リズムやハーモニーは安定していますか？　この曲はどのジャンルに属していますか？」

次はドビュッシーの同胞、ラヴェルの曲を音楽的要素から読み解いていく。ドビュッシーに比べて、リズムも安定し、拍感も感じられる一曲である。一通り冒頭を聴いた後、これがラヴェルのピアノ協奏曲であると先生が告げると、「え？」と驚く学生も。冒頭の音（鞭の音）や曲調から、にわかにピアノ協奏曲であるとは認識できなかったようだ。現代の聴き慣れた人にはそうとわかっても、初めての人には新鮮に聞こえるのかもしれない。まさにラヴェルの同時代人のように。

実はそれがラヴェルの狙いだろうか、ネフ先生は「これは〝協奏曲〟という概念に対するチャレンジ。ラヴェルはモダニストとして〝協奏曲〟の境界を押し広げていった」と説明した。

また曲想がジョン・ウィリアムズや、あるいはジョージ・ガーシュウィンに似ているという感想も。アメリカ発祥のジャズやブルースは当時パリでは最先端の新しい音楽であり（たとえばジョセフィン・ベイカーはアメリカでの人種差別のためパリへ行き、成功を収めた）、ラヴェルはそのエキゾティックな音に惹かれて、フランス的な様式の中で表現した。学生たちの推測は遠からずだ。

そのほか、19世紀的ロマン派風の箇所もあり、ソナタ形式を20世紀風にアレンジ（提示部—再現部という構成で、展開部がない。＊ソナタの形式については後述）するなど、さまざまに工夫が凝らされた一曲であることが解説された。

一曲の中で、民俗音楽的な要素、絵画的要素、他ジャンルの要素など、多様な要素が融合して曲が創られている。その複雑さや曖昧さを読み解いていくのが音楽の醍醐味だろう。

こうして解釈するポイントを学んでいくことで、初めて聴く曲でも「どのような曲なのか」がある程度、類推できるようになる。初めて聴く曲について答える課題（Unknown Listening）では、すでに学んだ要素を用いて解釈する力が試される。自分の頭の中でいかに学びを統合できるか。それがこの授業のもう1つの目的でもある。

どう学ぶのか～クラススケジュールと課題❶～❿

では1学期を通してどのように授業が進められているのだろうか。扱う楽曲と課題を、1

週目から追って見ていこう。

最初の講義では、ベンジャミン・ブリテン『青少年のための管弦楽入門』を用いて、「クラシック音楽、および時代様式」についての解説から始まる。以降は、次の通りである。

【中世・ルネサンス】

まず西洋音楽史の原点となる中世の聖歌から始まる。

中世のモノフォニー（グレゴリオ聖歌、ヒルデガルド・フォン・ビンゲンによる讃美歌、トルヴァドール）、中世のポリフォニー（ペロティヌス、ギョーム・ド・マショーなど）では、単声から多声音楽へと変遷していく過程を学ぶ。教会音楽だけでなく、トルヴァドールやシャンソンなどの世俗音楽も含んでおり、当時の文化状況が広く把握できるだろう。

ルネサンスになると書法は複雑化し、教会音楽、世俗音楽も独自の発展をしていく。授業ではルネサンス音楽の書法と歌詞の関係（聖歌、キリエ、シャンソン）、後期ルネサンスの教会ポリフォニー（ミサ曲）、後期ルネサンスの世俗音楽（英国のマドリガル、パヴァーヌ、ガイヤルド）などを学ぶ。

そして、ここで初めての課題が出される。

課題❶：エッセイ第1回目（1000語）。

テーマは「ルネサンス期の3作品に関して、音源を聴いた印象と、映像を見た印象の違いを書くこと。またこれらの楽曲が、ルネサンス時代におけるポリフォニーの書法、テキストと音楽の関係性について、どのような見識を与えてくれるか」。

・ジョスカン・デ・プレ「千々の悲しみ」(シャンソン)
・ジョヴァンニ・ダ・パレストリーナ『教皇マルチェリスのミサ』より「グロリア」(ミサ曲)
・作者不明『ヴェスタはラトモス山を駆け下りながら』(英国のマドリガル)

このエッセイでは、ルネサンス時代のポリフォニーについて、歌詞と音楽の関係性などの観点から述べる。最盛期のジョスカンは歌詞に沿った感情表現を試みており、中世のマショーとの違いは顕著。後期のパレストリーナは歌詞が明瞭に聞こえるような書法となり、末期の英国マドリガルは歌詞とメロディ、リズム、ハーモニーなどが連動しており、バロック時代を予感させる。

【バロック】

17世紀バロック時代の教会音楽とオペラ(ガブリエリ『おお、大いなる神秘』、モンテヴェルディ『ポッペアの戴冠』、パーセル『ディドとエネアス』)、オペラとオラトリオ(ヘンデルのオペラ『ジュリアス・シーザー』、オラトリオ『メサイア』）などで、オペラの歴史的経緯を紐解く。

またJ・S・バッハのルーテル教会音楽（カンタータBWV4「キリストは死の縄目につながれたり」）などの宗教曲の一方、器楽曲が広まりゆくのもこの時代の特徴で、器楽音楽（アルカンジェロ・コレッリ「トリオ・ソナタ」など）、コンチェルト・グロッソとリトルネッロ形式（アントニオ・ヴィヴァルディ「2つのマンドリンとオーケストラによる協奏曲」、バッハ「ブランデンブルク協奏曲」）、標題音楽と協奏曲（ヴィヴァルディ「四季」）、鍵盤曲（バッハ「平均律クラヴィーア曲集」）などが登場。

さらにバロック・古典派の舞曲（ヘンデル「王宮の花火の音楽」、バッハ「無伴奏チェロ組曲」、フランツ・ヨーゼフ・ハイドンの交響曲など）で、様式化された舞曲作品を学ぶ。

課題❷：リスニング・クイズ1回目。

授業冒頭で25分程度のクイズが出される。1～4週目までを復習する内容である（選択＋記述問題）。

クイズの目的とは～数週分のおさらい

リスニング・クイズの目的は、学んだ楽曲を1つ1つ暗記するためではなく、楽曲形式・様式の理解を深めることである。次はその一例。

・ヘンデルのオペラとバッハのカンタータを聴き（既出の曲。曲名は伏せられる）、抜粋箇所の推察とその理由、楽曲のジャンル、曲名、作曲者名を答えた上で、この2曲を「ヴァイオリンの役割」と「感情表現と効果」の観点から比較考察する。

・「バロック期のトリオ・ソナタ」と「古典派の弦楽四重奏曲」の類似点または相違点を述べる。

・ヘンデルのオラトリオ『メサイア』より「ハレルヤ」を聴き（曲名は伏せられる）、抜粋された一節がどのような形式で書かれているか、それに続く一節（ハレルヤの合唱）をより印象深く聞かせるために何をしたのかを述べる。

なお、授業で扱わなかった曲を出題することもある。2回聴いて、作曲者名を推測し（追加2名まで可能）、授業で聴いた作曲家や作品などと比較しながら、その理由について述べる。

【古典派】

交響曲や弦楽四重奏曲など古典派によって開拓されたジャンルや、第1楽章に多く用いられたソナタ形式を学ぶ。

ハイドンの交響曲第94番『驚愕』、弦楽四重奏曲第67番、ウォルフガング・アマデウス・モーツァルトの交響曲第40番、ピアノ協奏曲第23番について学ぶ、そしてベートーヴェンについても掘り下げる（交響曲第5番、ピアノソナタ第30番）。

またロレンツォ・ダ・ポンテ台本、モーツァルト作曲によるオペラ（『ドン・ジョヴァンニ』など）では啓蒙思想が台頭するフランス革命前夜にあって、社会規範や倫理を覆す貴族の男とその末路が描かれており、台本の絶妙なニュアンスや巧みな音楽表現に触れることになろう。

なお、本書第3章で「調性音楽の作曲I」という授業をご紹介している。

課題❸：リスニング・クイズ2回目。
課題❹：エッセイ2回目（1200語）。
テーマは「18世紀の複数楽章作品における心理描写やドラマ構成・デザインに関する論文」で、指定楽曲は以下の通り。
・ヴィヴァルディ：「2つのマンドリンとオーケストラによる協奏曲」（1720年）

・ハイドン：交響曲第94番『驚愕』（1791年）

複数楽章をもつ作品についての議論を深めるために、「なぜこの2作品はこのような形式をしているのか」「聴き手を満足（あるいは感動、興奮、共感など）させるために、それぞれどのような構成になっているか」といった問いかけが提案されている。

ちなみにヴィヴァルディは全3楽章で、第1楽章はリトルネッロ形式（全合奏による主題と独奏楽器によるソロが交互に繰り返される形式）。ハイドンは全4楽章で、第1楽章はソナタ形式（主題の提示部―展開部―再現部―コーダで構成される形式）、後続の楽章は曲想が対照的になり、形式が異なる場合も多い。

エッセイの目的とは～考察を深めていく

考察を深めるために、さらに参考質問がある。暗記ではなく、深く考えさせられる質問だ。問いは自分で考えてもよい。

・なぜ協奏曲の多くが3楽章で、交響曲の多くが4楽章あるのか。その心理的・形式的理由は何か。

・両作品において第1楽章がもっとも長く複雑だが、それはなぜか。

・緩徐楽章は何をもたらすか？　深み？　超絶技巧よりも歌うこと？　または？
・もしヴィヴァルディの協奏曲、またはハイドンの交響曲にメヌエット楽章を追加するとしたら、それは劇的・心理的なデザインを変化させることになると思うか？
・各作品の最終楽章はどのような効果があるか？　新たなストーリーを展開するのか、物事を終結に導くのか？　各作曲家がどのように曲を締めくくるのか？

【ロマン派】

19世紀前半に台頭したロマン主義は、個人の自由な心情や想念など主観性を重んじた芸術思想で、文学から音楽へと広まっていった。そこで、ドイツ歌曲や連作歌曲集（フランツ・シューベルトの歌曲「魔王」、ロベルト・シューマンの連作歌曲『詩人の恋』、クララ・シューマンの歌曲）、ピアノ曲集、小品と超絶技巧作品（シューマンのピアノ曲「謝肉祭」、フレデリク・ショパンのノクターン、フランツ・リストの超絶技巧練習曲）、標題音楽（エクトル・ベルリオーズ『幻想交響曲』、ピョートル・チャイコフスキーの幻想序曲『ロメオとジュリエット』）など、ロマン派時代に開拓された様式・形式を学ぶ。

またロマン派後期より、古典派の伝統に回帰した作品（ヨハネス・ブラームスのヴァイオリン協奏曲）と、ロマン主義を拡張・誇張したような作品（マーラーの交響曲第1番）を考察する。
オペラは二人の巨匠、ジュゼッペ・ヴェルディとリヒャルト・ワーグナー（ヴェルディ『リゴレット』、ワーグナー『ニーベルングの指環』）、ジャコモ・プッチーニとその東洋趣味（プッチーニ『蝶々夫人』）に触れる。なお、この時代に探求された自由精神は、諸国の独立運動やナショナリズムとも結びつき、音楽でも国民楽派（ムソルグスキー『展覧会の絵』）が生まれた。

課題❺：リスニング・クイズ3回目。
課題❻：コンサートリポート1回目。
コンサートを聴いてリポートを200語前後にまとめる。ボストン交響楽団、ボストン室内楽協会、ヘンデル&ハイドン協会によるコンサートなど、クラス全員が無料で鑑賞できる機会がある。

コンサートリポート〜生の音を聴く体験&比較考察

コンサートを聴いてリポートを書く課題が2回ある。
2回目では2つ以上のコンサートの比較考察が求められており、1つの曲がほかの曲とどう関連しているのかを考えてもらう。ただし選ぶコンサートは自由で、関連するプログラムのコンサートを選ぶ必要はない。

【近代・現代(主に20世紀)】

第一次世界大戦前のヨーロッパを先導するモダニストとして、印象派・象徴主義を代表するドビュッシー、野性的なフォーヴィズムに近いストラヴィンスキー(『春の祭典』)、表現主義を推し進めた新ウィーン楽派(アルノルト・シェーンベルク『月に憑かれたピエロ』、アントン・ウェーベルン『管弦楽のための5つの小品』、アルバン・ベルク『ヴォツェック』)、などを取り上げる。

20世紀前半は音楽史においても大きな変動のあった時代。先述したドビュッシーのような調性が曖昧な曲や、シェーンベルクが追究した12音技法(オクターブ内の12音をすべて均等に扱う技法で、調性音楽の根本原理である機能和声から解放される)を駆使した無調の音楽が生まれてくる。さらにラヴェルやガーシュウィン(『ラプソディー・イン・ブルー』)のようなジャズ風協奏曲も。なお、本書第3章で「20世紀音楽の作曲」という授業もご紹介している。

「大戦間のモダニズムとナショナリズム」ではバルトーク・ベーラ「弦楽器、打楽器とチェレスタのための音楽」、セルゲイ・プロコフィエフのカンタータ『アレクサンドル・ネフスキー』Op.78を取り上げる。再び世界大戦の気配を感じ取った作曲家たちは、戦火に包まれゆく祖国への郷土愛を強めた。音楽からも歴史的変動が見て取れるだろう。

一方、アメリカの芸術思潮の変遷として、「アメリカの多様な音楽」（スコット・ジョプリン、ソフィー・ウォレス）、「先行した2人のアメリカのモダニスト」（チャールズ・アイヴズ『オーケストラ・セット第2番』、ルース・クロフォード＝シーガー『ピアノのための前奏曲』）、「アフリカ系アメリカ人のナショナリズムと1930〜1940年代のジャズ」（デューク・エリントン「コンガ・ブラーヴァ」、チャーリー・パーカー＆マイルス・デイヴィス「アウト・オブ・ノーウエア」）、「ミッドセンチュリーにおけるアメリカ古典を担う2人の作曲家」（アーロン・コープランド『アパラチアの春』、レナード・バーンスタイン『ウエスト・サイド物語』）と4回にわたって扱う。特にアイヴズはゴスペルやラグタイムを引用したり、実験的な音楽の先駆け的な存在である。

20世紀後半は新しい音素材（ノイズ、新しい奏法や歌唱法、電子楽器など）が登場する。1950〜1970年代のアヴァンギャルド音楽として、エドガー・ヴァレーズによる歌・ハミング・ベル音・電子音響などを組み合わせた「ポエム・エレクトロニック」、映画『2001年宇宙の旅』に採用されたジェルジュ・リゲティの無伴奏16部混成合唱曲『ルクス・

エテルナ』など。これらの複雑さへの反動から、短いモティーフを繰り返すミニマリズムを確立したスティーブ・ライヒ『18人の音楽家のための音楽』や、明確な感情表現が戻ってきたジョン・アダムスのオペラ『ドクター・アトミック』にも触れる。後者には、原爆を発明した科学者オッペンハイマー博士の心の葛藤が描かれており、ラストには「水をください……」という、広島の人々の声が流れる。そして、最後は若い世代の音楽家にも焦点をあてる（タニア・レオン、キャロライン・ショウ『8声のためのパルティータ』）。なおショウの曲には、倍音を奏でる喉歌（「ワールドミュージック入門」参照）が登場する。

課題❼：エッセイ3回目（エッセイ2回目で考察したバロック・古典派に加え、ロマン派・近現代のチャイコフスキー『ロメオとジュリエット』、ガーシュウィン『ラプソディー・イン・ブルー』、ブリテン『青少年のための管弦楽入門』いずれかの単一楽章の管弦楽曲・協奏曲における、心理・ドラマのデザインについて考察する）。

科学と同様に、新しいデータに基づく仮説の検証・見直しをしながら知見を深めていくことが重要とされている。このようなプロセスは他科目でも見られる。

課題❽：リスニング・クイズ4回目。

課題❾：コンサートリポート2回目。

課題⑩：最終エッセイ。

最終エッセイが目指すものは

・マーティン・マークス先生

「学期末のエッセイは、20～21世紀の作曲家宛てに仮想の手紙を書くというものです。学期末、学生たちは専攻科目の試験で忙しいので、学期半ばに楽曲分析などに関する高度なエッセイを書かせ、学期末は肩の力を抜いて取り組めるような課題にしました。

20世紀に活躍したスタイルの異なる作曲家6組のペア（シェーンベルクとスティーブ・ライヒ、リゲティとバルトーク、ガーシュウィンとタニア・レオンなど。いずれも授業で取り上げた作曲家）から1組を選び、どちらか一方の立場に立って、相手に架空の手紙を書くというものです。

テーマは『なぜ私の作品があなたの作品より文化的影響があるか』。たとえばエドガー・ヴァレーズからジョン・ケージへ（または逆）、『その作曲家の作品のほうが未来に影響を与えたこと』を書いてもらいます。複雑な分析をする必要はありませんが、文化的視点に立って作品の価値を考えてほしい。また学生自身がどう考えるかだけではなく、作曲家自身がどう考えただろうかを想像してほしいです。

手紙形式なので論文より気は楽ですが、説得するための手法やレトリックを駆使することになります。これからも新しい問いを提示していきたいですね」

・テレサ・ネフ先生

「マークス先生は課題のアイディアをたくさんおもちです。中世・ルネサンスの作曲家について出題した年は、ヒルデガルド・フォン・ビンゲンにふんして手紙を書いた生徒がいました。伝統的な聖歌の書法と比較しながら、彼女が聖歌の音域をどう広げたのかについて的を射た指摘をしていましたね。また、〈私はこの作品をあなたの合唱隊のために贈ります。演奏の際はこの点に注意してください〉という手紙もありました」

成績評価

・レクチャー、レシテーション出席&口頭プレゼンテーション　25%
・リスニング・クイズ（4回）　20%
・エッセイ（4回）　40%
・3回のコンサート鑑賞&2回のリポート　15%

多様な音楽を、多様な方法で聴いて～テレサ・ネフ先生〈担当教授・講師インタビュー①〉

「西洋音楽史入門」は1学期分のクラスだが、中世から現代まで網羅されているので、相当数の曲を聴くことになり、一気に耳が開かれるだろう。

クイズではどのようなリスニング課題があるのだろうか。


「クイズでは授業で扱った曲の復習をすることが多いですが、3回目のクイズでは初出の曲を出題しました（Unknown Listening）。

グレゴリオ聖歌のモティーフの1つ、『怒りの日（Dies Irae）』を引用しているベルリオーズの『幻想交響曲』と、超絶技巧の事例としてリストの超絶技巧練習曲を学んだので、両方の要素が入っているリストの『死の舞踏』を聴いてもらったのですが、学生にとってはチャレンジでした。

聴き慣れていないものに接したとき、どのように今までの学びや経験を統合して考えられるか、よい推察ができるかが問われますが、学生たちはよくできていましたね。これもマークス先生のアイディアです。ほかのクラスでも知らない曲を聴かせます。それもできるだけ

曖昧な曲を……そのほうがおもしろいでしょう？（笑）

すでに学んだ要素がつながっていくと、よい推察ができるようになります。物事を統合して考えられるようになると、学生たちもますます楽しくなるようですね」

実際の演奏を聴く機会はどれくらいあるのだろうか？

「レクチャーで生演奏を聴く機会もあります。

ある週はボストン室内楽協会メンバーがクラス内でアンリ・デュティユー『レ・シタシオンズ』（第3章を参照）のリハーサルを行うのを聴き、後日、実際のコンサートを皆で聴きに行きました。

また別の週には、ヘンデル&ハイドン協会の弦楽四重奏メンバーにピリオド楽器で演奏してもらい、楽器構造や現代楽器との違いについて話していただいたり、コレッリなどのバロック音楽を通して通奏低音について理解を深めたりしました。

クラスの皆で、ボストン交響楽団のコンサートにも2回足を運びました」

中でも興味深いのは、同じ曲に対して「聴く」「聴く&見る」という2つの行為を求める課題だ（課題❶）。確かに印象が変わるのだが、この課題を与えた理由をたずねてみた。

「たとえば弦楽四重奏の場合、音を聴くだけでは楽器同士がどのように関わり合っているかがわからない、という学生が多いです。

でも音と映像を一緒に見ると、特にライブの場合はまったく聞こえ方が変わり、音楽に対して違った角度から理解できるようになります。前の学期では合唱団にお越しいただき、ジョスカン・デ・プレやルネサンス時代の作曲家によるモテットなどを歌っていただいたのですが、やはり同じような体験をしました。録音で音は聞こえていても、何が起きているのかを明確に把握するのは難しいのです。

いつも映像に頼るわけにはいきませんが、バランスが大事ですね。『聴く』『聴く&見る』の違いをエッセイや討論テーマにした学生もいます。同じ曲の音源と演奏映像を比較して、それぞれ聞こえ方がどう違うかを考察していました。

学生たち、我々も含めて視覚のほうをより使っています。

音楽はとても受動的なものなので、アンビエント音楽やエレベーター音楽（店でかかっているBGM等）なども無意識に受けとめています。このクラスでは音楽を集中して聴くことを課していますが、意外と難しいことなんですね。これこそ学生にとっての挑戦だと思います」

人間が物事を認知するとき、主に視覚を用い、聴覚は10％前後だという統計もある。

したがって、聴覚のみを使う場合、認識に差が出るのは自然なことである。それを認識した上で、音楽聴取の際に相互補完的に生かすこともできるのだ。

聴く課題には、コンサートリポートもある。特に2回目は2つのコンサートの比較考察をするが、これによって何が学べるのだろうか。

「コンサートリポートの目的は、学生たちにライブのコンサートに足を運んでもらうこと、また今学んでいるテーマについてより深く考察してもらうことです。コンサートを選ぶにあたっては、特に2つのプログラムが関連し合っている必要はありません。学生の1人から、室内楽とラップトップ・アンサンブル（第4章を参照）のコンサートを比較したいと相談がありましたが、それはそれでおもしろい観察や発見ができそうなので承諾しました。

大事なのは、曲同士がどう関わっているのかを考えたり、今聴いているものがこれまでの経験とどう関連しているのかを考えたりすることです。これもアクティブ・リスニングですね」

多様な時代・様式の音楽を聴く中で、学生たちにはどれがもっとも新鮮に聴こえるのだろうか？

「バロックと古典という人もいますし、現代曲が難しいという学生もいます。どのような音楽のバックグラウンドをもっているかによりますね。

このクラスは音楽に対する意識や能力の違う学生が交じり合っているところがおもしろく、学生同士もお互いに影響を与え合っています。あるとき、エクササイズとして好きな曲と嫌いな曲をピックアップし、その選曲理由を説明してもらったのですが、おもしろいことに『グレゴリオ聖歌が好き』『グレゴリオ聖歌は嫌い』という2人がディスカッションすることになりました。特に相手の意見を変えることはしませんが、当初は好きではなかった曲が何らかの理由で好きになることもありますよね。私は冗談でそれを〝スリーパーヒット〟と呼んでいます。

このように自分の意見を発表して、オープンに話し合うことが大事なのです」

〈担当教授・講師インタビュー②〉

シラバスや各課題の意図は?~マーティン・マークス先生

「西洋音楽史入門」では、歴史・文化・社会的背景にも触れながら、中世から現代まで網羅的にアプローチしている。エッセイやクイズなどの課題、またシラバスはどのような意図で組み立てられているのだろうか。

「今までは1年かけて（2学期分）教えていましたが、今は1学期のみなので、授業進行が大変速いです。教材（"Listen" 9版）もより簡素になっていますので、学生に何を問うか、彼らがより注意深く音楽を聴けるようになるためにはどうすればいいか、複雑な様式・形式を理解してもらうにはどうすればいいのか、などをほかの教員とも話し合っています。大変ですが、初心者を含む学生たちに向けて授業をするのはとても楽しいですね。

今週はドイツの表現主義で、シェーンベルクの歌曲『月に憑かれたピエロ』とベルクのオペラ『ヴォツェック』を取り上げます。学生があまり好む音楽ではないかもしれませんが、真剣に取り組む姿勢ができていますので、より理解が深まるように教えたいですね。

クラスにはさまざまなバックグラウンドの学生が交じっており、ほとんどクラシック音楽について知らない人もいれば、オーケストラや吹奏楽団で演奏していた人など、音楽が身近にあった学生も多いです。クラシック以外の音楽が好きな人もいます。

そこで課題となるのは、ほとんど音楽を習ったことのない学生にどう語りかけ、理解してもらうのかということ。教材はあまり深く掘り下げる内容ではありませんが、多様な曲を聴くことで、形式などの理解が促されます」

まずは入門クラスで幅広い音楽に触れ、次の段階のクラスでは特定の時代・様式の音楽を深く掘り下げていく。後者では、どのような教材や課題があるのだろうか。

「私が担当している『20世紀の音楽』という授業では、『20世紀と21世紀の音楽』という教材を使っています。タフツ大学音楽学部教授で私のよき友人でもあるジョセフ（・オウナー）による著書です。

26曲のアンソロジーが掲載されていますが、一曲一曲について詳細な解説や形式についてのダイアグラムがあり、丁寧に掘り下げられています。楽譜を読み込む作業も多くあります。この教材を軸に、ほかの曲も取り上げながら進めています」

マークス先生はさらに「映画音楽」「ミュージカル」などの授業も担当している。これは先生ご自身の幅広い音楽知識と経験に裏打ちされている。

「私はあらゆる音楽に興味があります。小さい頃からピアノを習い、バロック音楽、古典派、ロマン派、近現代、20世紀の音楽まで学んできました。

一方で、ブロードウェイのミュージカルや映画音楽は私を童心に帰らせてくれます。昔『ウエスト・サイド物語』を聴いてどれだけ心を動かされたことか！　またミュージカルの曲を弾いたり、サイレント映画の研究もしたりしています（第4章コラム参照）。これらの学びや経験はすべてつながっています」

長らくＭＩＴで音楽教育に関わる中で、教育者も学生も変化してきているという。未来を生きる世代には何を学んでほしいのだろうか。

「我々の世代はジェネラリストとして育てられましたが、今の学生たちは30〜40年前とはだいぶ変わりました。

現在のことはよく知っているけれど、過去についてはあまり知らない世代になったと思います。たとえば第一次・第二次世界大戦、あるいは独立戦争について……もちろん幅広く教養を身につけている学生もいますが、文化的教養の枠が狭まっているように感じます。

でも彼らはただそのように学んでいないだけで、習得は速いです。

今アメリカでは民主主義が危うくなっており、我々の世代は大変憂慮しています。若者世代にもぜひ歴史を学んでほしいですね」

《ワールドミュージック入門》世界の音楽を体感する

何を学ぶのか～目的

西洋音楽史が人間の創造・表現行為の歴史的変遷を学ぶものだとすれば、**ワールドミュージックでは人間が営んできた文化の多様性や地理的広がりを学ぶことになるだろう。**

アジア・ユーラシア大陸、ヨーロッパ大陸、アフリカ大陸、中南米など――人間がいるところには文化があり、文化には音楽による感情表現や社会共同体の団結を高めるような演奏習慣がある。どの国にも民謡があり、日常生活の中で一度は聴いたことがあるだろう。

どちらかといえば西洋音楽に触れることの多い人にとっては、民俗音楽は音階構造や様式などが異なるため少し変わった響きに聞こえるかもしれないが、どの国の民俗音楽を聴いても、多かれ少なかれ郷愁を誘われるのではないだろうか。

世界各地で古来から伝わる民俗音楽や伝統的楽器は、何を表現しているのだろうか。

その音楽を学んだり、楽器に触れたりすることは、その土地や人々の生き様を理解し、共感することにつながるだろうか。

ワールドミュージックを学ぶ意味とは？

担当は音楽学科准教授のパトリシア・タン先生（他1名）。ブラウン大学でアフリカ音楽（ドラム）に出会い、またセネガル出身の世界的歌手ユッスー・ンドゥールに魅せられたという。ハーバード大学大学院を経て、現在西アフリカ音楽を専門とする民俗音楽学者である。

クラスはどのように進められるのか

クラスは毎週90分×2回（レクチャー&ワークショップ）行われる。舞踊家や民俗音楽学者などゲストアーティストを招いて講義をしてもらったり、楽器演奏や舞踊を披露してもらったりする機会も多い。

またこのクラスは「コミュニケーション・インテンシブ科目（CI－H）」に指定されており、毎週の教材リーディングや映像・音源視聴、最終プロジェクトを含む5回の課題提出、2回のテスト、授業中のプレゼンテーションやクイズ、2回以上のコンサート鑑賞などが求められている。

さらに学期前半にはライブラリー・セッションが設けられ、学術文献や資料の探し方や扱い方など、リサーチ方法の基礎が教えられる。

単にワールドミュージックに関する知見を広げるだけでなく、「西洋音楽史入門」と同様、あらゆる学術的なコミュニケーションの基礎が組み込まれている。

どう学ぶのか〜クラススケジュールと課題

■まず自分自身の文化背景を知る

他者や他文化を理解する前に、まず自分のことを掘り下げて知る。そこで、まずは「声」という楽器としての身体、そして「自分」という人間のもっとも基本的な自己認識から授業は始まる。

初回の授業では民俗音楽学の概説とともに、チベットのスロート・シンギング（喉歌）について解説が行われたそうだ。また、自己紹介文とともに**「パーソナル・ミュージカル・エスノグラフィー」**を書くという課題が出された。

パーソナル・ミュージカル・エスノグラフィーとは、自分自身の民俗音楽的バックグラウンドを探ることである。自分が生まれ育った社会や周囲の環境にはどんな音楽が流れ、どんな音楽を聴いて育ったのか。

周囲に流れていたのを受動的に聞いていた音楽と、自分が主体的に選んで聴いていた音楽は違うかもしれないが、それも含めて自分自身を知る第一歩となる。

■各大陸の主な音楽文化を知る

2週目以降はレクチャーとアーティストを招いてのワークショップが行われる。対象国・地域は次の通り。

【アジア・ユーラシア】（＊アルファベットは地図に対応）

ⓐチベットのスロート・シンギング

喉歌。モンゴル、チベット、シベリアなどに伝わる喉を使った特殊な歌唱法。ホーミーなどで知られる。

ⓑインドネシアのガムラン

インドネシアのジャワ島およびバリ島で発祥・継承されてきた民族音楽。さまざまな種類の銅鑼と調律された金属製打楽器（マレットで叩く）などで構成され、歌や芝居、竹笛、弦楽器（rebab）を伴うこともある。すべての楽器を同じ調律にすることはなく、5音音階、7音音階の2種類に調律された楽器でポリフォニーを奏でる。第1のグループがテーマを、第2のグループがその対旋律を、第3のグループがテーマのリズムをパラフレーズし、第4のグループがリズムパターンに繊細なテクスチャを加える。そして大きな銅鑼がフレーズに句読点のような区切りをつけていく。

ⓒ日本の箏

日本の伝統的楽器。奈良時代に伝えられ、雅楽を演奏する楽器の1つとして親しまれた。13本の絃があり、柱《じ》によって音程が調律され、3本の指にはめた爪によって絃を弾いて音を出す。日本古来の和琴は6絃、また近代はさまざまな箏が開発されている。

ⓓ北インドのカタック舞踊

北インド土着の舞踊で、ヒンドゥとムスリム文化の中で継承されてきた。足首に多数の鈴をつけ、定型のリズムパターンで踊る。

☆北インドのサロード

主に北インドの古典音楽で用いられる弦楽器。旋律を奏でる弦は6本、その他に2~4本の弦と10本以上の共鳴弦がある。フレットレスで、指をスライドさせて音高を変えることができ、それが独特の音響効果を生んでいる。床に座り、組んだ膝の上に楽器を置き、左手で弦を押さえ、右手の撥《ばち》で爪弾く。タブラ（打楽器）とタンブーラ（弦楽器）と協奏することが多い。

その他、ロシア連邦トゥバ共和国の音楽グループ（Huun-Huur-Tu）や、ネパール（ⓔ）

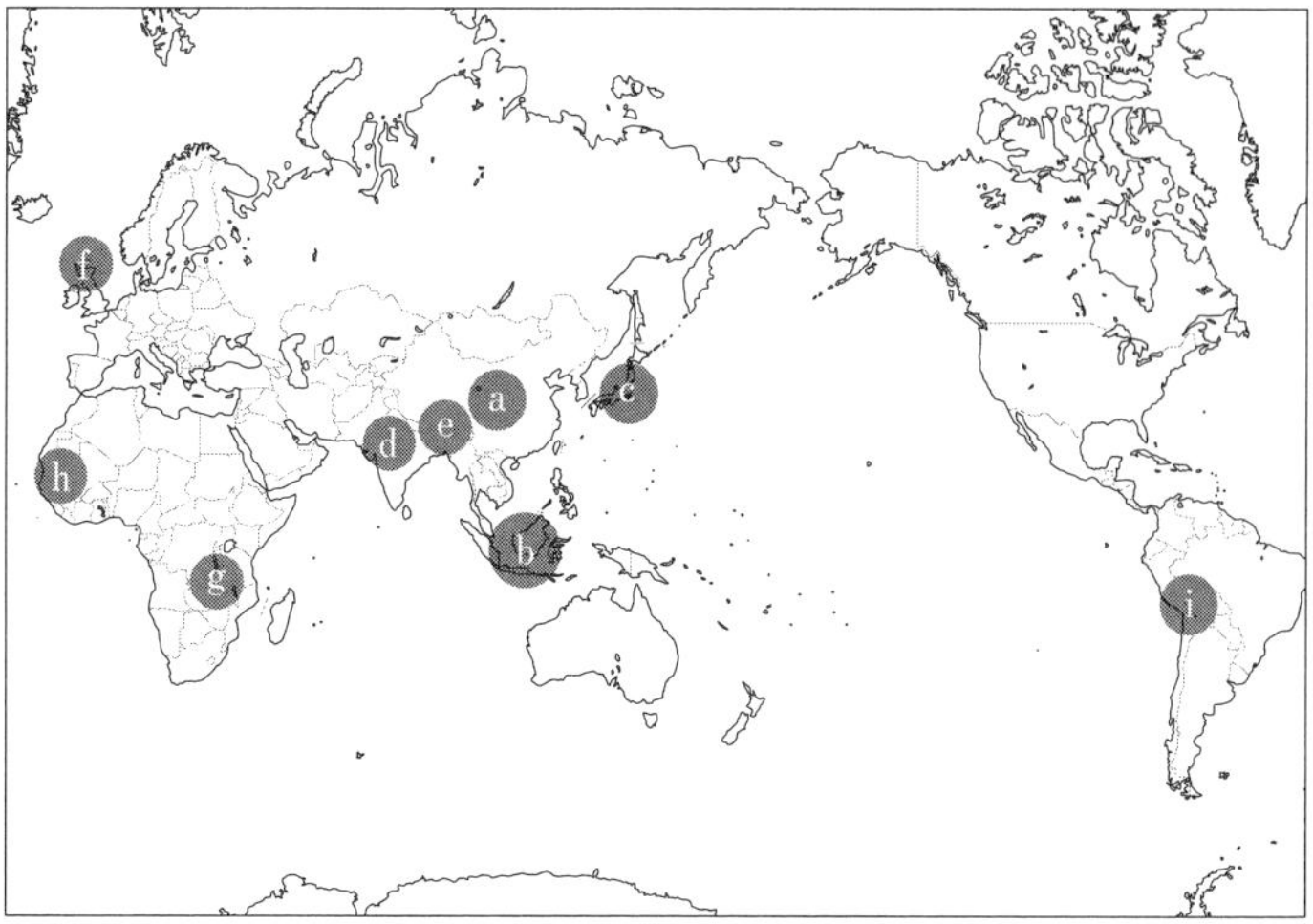

出身アーティスト（Lochan Rijal）のコンサート鑑賞など。

【ヨーロッパ】

☆ケルト

ケルト系民族・文化で伝承されてきた音楽

ⓕスコットランドのバグパイプ

起源は紀元前後だが、9世紀頃からヨーロッパで演奏されている。数本のシングルまたはダブルリードの管があり、動物の皮で作られた袋を腕の力で押し、その圧力でリードを振動させて音が鳴る。送気は息またはふいごを使うものも。旋律を奏でる主唱管（チャンター）に対し、ほかの通奏管（ドローン）はそれに対して調律されている。

【アフリカ】

ⓖジンバブエのムビラ

親指ピアノともいう。金属製板の一方の端が共鳴板に固定され、もう一方の端を親指または人差し指で爪弾くようにして演奏する。アフリカの奴隷によって中南米にもち込まれ、さまざまな形に発展した。

ⓗセネガルのサバール・ドラム

西アフリカのセネガルで発祥・継承されてきた打楽器。片手にスティック1本、もう一方は素手で太鼓を叩く。隣近所の村とコミュニケーションを取るための手段でもあり、異なるリズムは異なるフレーズに対応している。

【中南米】

ⓘブラジルのカポエイラ

舞踊のような武術様式で、主唱と応唱、打楽器の伴奏を伴う。アフリカ大陸の奴隷によってブラジルに紹介され、奴隷の間で広がった。舞踊のように見せかけて護身術の訓練をするという目的もある。

〈参考サイト〉britannica.com、およびWaawafrica.com。

■提出課題・プレゼンテーション・テストなど
～コミュニケーション・インテンシブ科目（CI-H）として

★毎週の宿題など
・リスニング&リーディング

★提出課題
・1回目：自己紹介文とパーソナル・ミュージカル・エスノグラフィーについて書いた紙を3部用意すること。
・2回目：楽曲分析（ポッドキャストで提出）。最終プロジェクトの対象領域とテーマについての提案書。
・3回目：コンサート鑑賞リポート①。
・4回目：コンサート鑑賞リポート②。
・5回目：民俗学プロジェクトまたは研究についての最終プロジェクト。

★口頭プレゼンテーション
・毎週のリスニング&リーディング資料に関する短いプレゼンテーション。

・最終プロジェクトに関する口頭プレゼンテーション。

★テスト

・学期中に2回のテストと、授業中のクイズ。

★コンサート鑑賞

・学期中に少なくとも2回、クラス外で行われる。

・ワールドミュージックのコンサートに足を運ぶこと（鑑賞リポートあり）。

成績評価

・提出課題 1〜4回目 35％

・テスト2回 20％

・授業への出席・準備・積極的な参加 15％

・最終プロジェクト提案書と文献解題 5％

・最終プロジェクト（提出課題5回目&口頭試問） 25％

世界各国の文化を、耳と身体で体験する〜パトリシア・タン先生〈担当教授・講師インタビュー〉

近年人気が高まっているという「ワールドミュージック入門」。同じく担当している「アフリカ音楽」「セネガル・ドラム」のクラスとともに、この授業ならではの取り組みを伺った。

「私は2001年に准教授として着任し、前任者を引き継ぐ形で、ワールドミュージック入門クラス、アフリカ音楽のクラスを教えるようになりました。またセネガル・ドラム・アンサンブル『ランバックス（Rambax）』を課外科目として始めました。すぐ後に着任したラミーン・トゥレ先生が音楽監督となり、私はアドバイザーとして運営管理の手伝いなどもしています。

最初は学生が5〜10名くらいでしたが、年々増えていき、数年後には演奏実技科目として単位が取れるようになりました。現在、音楽専修・音楽副専攻・音楽主専攻を満たす単位としてカウントすることができます。最大でビギナークラス40名、アドバンスクラス30名ほどにまで膨らんだこともあります。さすがにスタジオに収まりきらない人数でしたが（現在は約25名×2セクション)。

西洋音楽史が以前に比べてやや減少傾向にある一方で、ワールドミュージックは増加傾向ですが、それはどちらかが価値があるということではなく、学生の選択肢が増えたということです。これまでに3度セネガルに研修旅行をし、学生にとっても特別な体験になったようです」

何といっても、「ワールドミュージック入門」は、パーソナル・ミュージカル・エスノグラフィーから始まるのが興味深い。音楽経験がない学生は何を書けばよいのだろうか。

「音楽経験がなくても、皆さん人生のどこかで音楽を聞いているはずです。ご両親やご兄弟が聴いていた音楽や、車のラジオから流れてくる音楽、教会で聞く音楽もあります」

世界諸地域の音楽を学ぶ第一歩として、まず自分の立ち位置や歴史を知る。そしてクラスメートとシェアする。すると自他ともに、我々の日常がいかに多様な音楽文化で形成されているかに気づかされるだろう。

2回目以降の授業では講義だけではなく、対象国・地域のゲストアーティストを招聘し、実践的な授業を行っていく。

「学生たちには、レクチャーを聴いたりリーディングをこなしたりするだけではなく、音楽と舞踊を実践的に学び、実際の芸術体験をしてほしい。1週間に2回授業がありますが、たとえば1回目はセネガルの音楽に関するレクチャーをし、2回目はアーティストを招いてセネガル・ドラムのワークショップを行います。その際に、学生にもドラムを叩く体験をしてもらいます。

北インド伝統音楽・舞踊でも同じように、1回目はレクチャ1、2回目はカタック舞踊のワークショップを行います。あるいはバグパイプについて学ぶ週には、バグパイプ奏者に楽器を演奏してもらい、楽器を観察したり、スコットランド舞踊を体験したり。ゲストアーティストに来ていただくことで、音楽や舞踊に命を吹き込んでもらい、鮮明な芸術体験につなげたいのです。

MITで18年教えていますが、私自身もやはり多くのゲストアーティストに授業に来ていただいたことが強く印象に残っています。授業をコーディネートするのは大変ですが、なるべく多くのアーティストに来ていただけるようにしています。

1年前には、あるブルガリアの音楽グループがコンサートツアーでボストンに来る予定があることを事前に知ったので、急遽授業に組み込み、コンサートにも行くことができました。セネガル、インドネシア、インド、西アフリカの音楽などは大抵毎年触れますが、その他に関しては学期によって変わることもあります。13週しかないので世界中の音楽について深く学ぶとまではいきませんが、できるだけ異なる大陸の音楽を取り上げたいと思っています」

また、授業外でのコンサート鑑賞やそのリポート提出も課されている。ボストン周辺でのコンサート一覧を学生に渡し、各自で選べるようにしてあるそうだ。学割などのサポートも充実している。

「MITにあるカウンシル・フォー・ジ・アートには、学生券のファンドがあります。著名アーティストがボストンに来るときには、学生券をまとめて購入します。皆よく足を運んでいます。

たとえば今学期は、スロート・シンギング（モンゴル、チベット、シベリアなどに伝わる喉を使った特殊な歌唱法。ホーミーなど）のアーティストがボストンに来ました。

またMIT構内でも、インド伝統音楽のコンサートが行われています。音楽学科の元専任講師ジョージ・リファー氏がインド音楽の専門なのですが、彼はMIT南インド芸術遺産協会の創設に関わり、そこで北・南インド伝統音楽のアーティストを招聘し、コンサートを開いていています（MIT学生は入場無料）。

ボストンはワールドミュージックが盛んで、たとえばグローバル・アーツ・ライブ（Global Arts Live）という団体はコンサートを多数開催しています」

ところで、この「ワールドミュージック入門」は**コミュニケーション・インテンシブ科目（C-I-H）の1つに指定**されている。MITが重視する学術的コミュニケーションスキルを高める課題として、ライブラリー・セッションやピア・エディティング・レビューがある。具体的にどのような内容なのだろうか。

「MITの学生は必ず規定分のC-I-H科目を履修しなくてはなりません。

昨今はGoogle検索すればすべての知識を得てリサーチができると考えられがちですが、学期後半ではリサーチプロジェクトを行うので、そのために学術的な手法を学んでもらうのが目的です。

『**ライブラリー・セッション**』では音楽司書をゲストに迎え、資料の批判的な扱い方、学術資料の探し方などを学びます。また各クラスに1名ライティング・アドバイザーがつきます。私がエッセイを評価し、コメントを返した後、学生はそれをもってライティングセンターへ行き、彼らと30分ほどディスカッションをして、文章の修正・改善をします。

また『**ピア・エディティング・レビュー**』もライティング・アドバイザーと一緒に行います。最終プロジェクト案について、最初の2パラグラフほどを書き、4~5名分のコピーを持参します。それをお互い読み合い、意見を言い合い、どのように改善したらよいかを話し合います。

これも学生にとってよいエクササイズになっていますね」

ワールドミュージックを学びながら、資料検索や相互批評の方法を学んでいく。こうした学術的コミュニケーションスキルは学術論文を書く上で必要なだけでなく、将来キャリアを積んでいく上でも重要な基礎力となる。

一方、タン先生が担当するもう1つのクラス「アフリカ音楽」では、音楽の文化・社会的な側面を学ぶ。たとえばメディカル・エスノミュージコロジー（Medical Ethno-musicology）という項目があるが、具体的に何を学んでいるのだろうか。

「このクラスは『ワールドミュージック入門』より上位になりますが、事前の音楽経験や知識は必要ありません。授業は少人数で行い、全員で輪になって床に座りディスカッションをします。

こちらでもゲストアーティストを呼び、パフォーマンス、歌、ダンスなどの機会を設けています。『ワールドミュージック入門』ほどハードではありませんが、エッセイ課題もあります。

メディカル・エスノミュージコロジーの例としては、ウガンダでのＨＩＶ撲滅運動事例を通して、音楽教育の役割を学びました。グレゴリー・バーズという民俗音楽学者が、このテーマに関して多くの著作を残しています。6年前にエボラ出血熱が発生した際も、音楽によって人々が情報を得て感染を回避することができたという事例があり、それもクラスで討論しました。

音楽と医療が結びついていること、音楽が健康情報拡散に役立っていること。

これを知る学生は多くないですが、大変重要なことだと思います。実際にウガンダではHIV患者数が劇的に減ったという実証データもあります。5歳の子どもが歌う内容はかなり詳しく（HIVが危険であること、どのように自分で身を守ればいいのか、など）、これがウガンダに大変大きな意識向上をもたらしているようです。

音楽だけではなく、演劇団体や、HIV陽性患者の団体による啓発運動も行われています。これらの歌は地元アーティストによって作曲され、歌われています」

音楽は社会的啓蒙活動の一環としても重要な役割を果たしている。

また、いかに日常生活と密接に結びついているかを物語っている。

音楽はそもそも地域コミュニティをつなげ、地域間の相互理解を深めてきたのだ。

それは民俗音楽の演奏からも伝わってくる。

今回はその1つ、「セネガル・ドラム・アンサンブル」のクラスも見学した。

© MIT セネガル・ドラム・アンサンブル "Rambax"。

履修生25名全員が輪になり、セネガル出身のラミーン・トゥレ先生の演奏指導と歌によって授業が進められる。片手にスティック1本をもち、もう片手は手のひらでドラムを叩くが、その力強いリズムとアフリカの大地のように乾いた音、熱気を帯びた音楽の世界に、皆次第に没入していく。MITの中に、突如異次元が現れたような感覚だ。また**西洋音楽とも違う身体感覚をもたらしている**ことがわかる。

現役生がほとんどだが、現役生時代にドラム演奏を経験し、卒業後もボストン周辺で仕事に就いている場合（そのようなケースも多い）、そのまま演奏活動を続けたいと希望する卒業生も少なくないという。またこのクラスとは別に、トゥレ先生はボストン地域住民に対してもレッスンを行っているそうで、人気のほどがうかがえる。

なお現在使用しているスタジオは、ガムラン・クラスと併用のため大量の楽器が収納されていてやや手狭だが、２０２３年完成予定の新音楽学科棟には新しいスタジオができるそうである。さらに多くの学生が民俗音楽演奏に引き寄せられていくかもしれない。

《オペラ》あらゆる情動の表現と様式を学ぶ

何を学ぶのか～目的

人間社会に起こるさまざまな出来事や人間模様を、美しく、時に激しい音楽にのせて表現するオペラ。

この「オペラ」の授業では、オペラの歴史をたどるのではなく、オペラに描かれているさまざまな感情・情況ごとに分類し、その慣例的・伝統的表現について学ぶ。

たとえば「愛」「死」「怒り」「祈り」といった人間の情動、「嵐」「超自然・神秘」「戴冠式」といった情景描写、「序曲」「合唱」「舞曲」といった楽曲の役割、などである。

人間ならば誰でももちうる感情や情動、または日常的に目や耳にする自然現象や社会事象などをテーマとしており、それがどのような芸術様式で表現されているのか、あまり音楽に触れたことのない学生でも興味をもてるだろう。

実際このクラスは履修前提条件がないため、音楽知識がない学生も受けられる。しかし授業内容や課題は本格的であり、1学期で相当の学びがあると思われる。担当教授は音楽学科主専攻アドバイザーも務めているエミリー・リッチモンド・ポロック先生。

クラスはどのように進められるのか

■「怒り」の慣例表現を学ぶ

何といってもこのクラスの特徴は、オペラを作曲家や音楽史で区分するのではなく、**人間の情動に関わる慣例表現ごとに学ぶ**点にある。1つのテーマに対して複数のオペラ作品を扱うため、時代による様式・形式の変化について知ることもできる。

ポロック先生によれば「音楽でストーリーを表現するとき、抽象的で様式化されていないものはどこまで理解してもらえるでしょうか。慣例的表現によって、ストーリーや感情をより劇的かつ明確に聴き手に伝えることができます」。

この日のクラスは「怒り」がテーマ。

5つの作品のアリアについて、作品順にディスカッションが行われた。本書では実際の授業内容を、時系列のままではなく、項目別に分類してご紹介する。

人間の感情・情動を切り口にすることで、何が学べるのだろうか。

扱われた楽曲は、以下の通り。

- ジャン=バティスト・リュリ『アルミード』（1686年、バロック期）、アルミードのアリア「ついに、彼はわが力のもとに」。
- ヘンデル『エジプトのジュリアス・シーザー』（1724年、バロック期）、セストのアリア「今や正義が矢を弓につがえ」。
- モーツァルト『ドン・ジョヴァンニ』（1787年、古典派）、エルヴィーラのアリア「ああ、いったい誰が教えてくれるの」。
- モーツァルト『魔笛』（1791年、古典派）、夜の女王のアリア「復讐の炎は地獄のようにわが心に燃え」。
- ヴェルディ『椿姫』（1853年、ロマン派）、アルフレードとヴィオレッタのデュエット「この女性をご存知ですね」。

■感情表現は、どう形式に反映されているか

時間芸術である音楽には、刻々と変化する感情が表されている。曲中にコントラストを創ることによってさまざまな心情を描き分けるのである。

たとえば前半→中間部で曲想が変わり、後半で再び元に戻る場合、これをA－B－A′形式とすると、AとBは音楽的に対照的・対比的にすることが多い（「西洋音楽史入門」「ハーモニーと対位法I」「調性音楽の作曲I」などの授業でもこの形式が言及されている）。

どのような異質な要素をもってくるかは曲によってさまざまだが、バロック時代の定型としては、Aセクションはメリスマ（歌詞の1音節に複数の音符をあてること）やコロラトゥーラが多用され精緻かつ複雑であるが、Bセクションは転調などにより曲想が変わり、よりシンプルで、オーケストレーションも静かに。A′セクションに戻るとさらに装飾音符などが加わり、より華やかに奏されることが多い。

そのような説明がなされた後、今回扱うバロックオペラについて「AセクションとBセクションはどう違いますか？」という質問が、ポロック先生よりたびたび投げかけられた『アルミード』で魔女アルミードが歌うアリアでは、敵対していた人間の騎士ルノーへの憎悪と殺意、そこに突如芽生えた愛、という2つの相反する感情に苛まれる様子が描かれている。

愛を知らなかったアルミードは大いに戸惑うが、彼女を愛するようルノーに魔法をかける。その一方で憎悪の感情を取り戻して報復を果たそうとするが、結局愛に打ち勝つことはできなかった（最後、ルノーにかけられた魔法は助けに来た友人によって解かれる）。

さて、その相反する2つの感情はどのように表現されているか、という問いかけがなされた。

「Aセクションで歌っているときは彼の顔を凝視し殺意に満ちていて、まさに怒りのアリアそのものだが、Bセクションでは勢いがなくなり、押し黙り、戸惑い始める」「彼女が考えている瞬間、音楽も中断している」

アルミードの心理と音楽との関係性を見つけていく学生たちに対して、先生は、「登場人物がより人間らしく見えませんか？『エジプトのジュリアス・シーザー』のセストも同じように、その人自身がどうしたらよいかわからない、戸惑いの感情を見せることによって、より人間らしさが露わになり、見ている我々も気になります。これはドラマにとって効果的な演出で、伝統的手法といえますね」。

『エジプトのジュリアス・シーザー』は、エジプトに遠征したローマ将軍ジュリアス・シーザー（ジュリオ・チェーザレ）を主人公にしたオペラである。

政敵ポンペイウスを退け、エジプト王プトレマイオス13世を敗北に追い込み、クレオパトラに愛と勝利をもたらし、その頭上に王冠を授けるストーリーである。ポンペイウスはプトレマイオス13世の命により殺害されるが、シーザーはその死を悼み、またポンペイウスの息子セストは父のためにエジプト王への復讐を誓う。そのときにセストが歌うアリアが「今や正義が矢を弓につがえ」である。

学生はそこから何を聴き取ったのか。

たとえばAセクションは相手に向き合って怒りを露わにしているが、Bセクションでは感情表現もオーケストラも抑制的であることなどを挙げた。

それに対して先生は、本来は叫びや過剰なほどのコロラトゥーラのほうが怒りを表現するにはふさわしいだろうが、このアリアにもあまり激しい感情の高揚はなく、きわめて様式化されている――そうしたバロック期のオペラの特異性を指摘した。

また、A'セクションに戻ったとき、セストの心情がどのように表現されているかについての議論も。

Bセクションで彼なりに熟考した後、Aセクションに戻ってメインテーマ（復讐への思い）をより強調しているのではないかとある学生は考えた。それに対して先生は、最初とは違うように演奏されていること――歌い手によって、メリスマ、トリル、装飾音符を加えたり、メロディに変化をつけたりして、より高い演奏効果を狙っている――と、バロックオペラの特徴についてまとめた。

このように、学生がまず音楽的な発見や気づきを発表し、それについて先生が補足や解説する形で授業が進められていた。

■感情表現は、時代・様式によって異なる

時代が変われば、感情表現も変わる。

古典派モーツァルトの『ドン・ジョヴァンニ』は、女たらしの貴族ドン・ジョヴァンニを主人公にしたオペラ・ブッファ（神話や英雄物語をテーマにした正統的なオペラ・セリアに対し、庶民向けのテーマや喜劇も多い世俗的なオペラ）である。かつてドン・ジョヴァンニに誘惑され捨てられたドンナ・エルヴィーラが、怒りに復讐を誓って「ああ、いったい誰が教えてくれるの、あの野蛮人がどこにいるのかを……」と歌う。

「このアリアにはどんな怒りの表現がありますか」という先生の問いに対し、エルヴィーラの怒りには弦楽器群による伴奏が伴い、オーケストラ全体がクレッシェンドする一方、ドン・ジョヴァンニはレガートでニュートラルな表現で、エルヴィーラの怒りを真に受けていないように思えると学生から意見が。

その答えを受け、ポロック先生はバロックと古典派の表現様式の違いを挙げながら、その音楽表現の意図を解説した。

モーツァルトやハイドンなどの交響曲では、展開部や終結部などで用いられるフーガはバロック時代の伝統、つまり前時代的なものであることを承知した上で、古い慣習のたとえとして用いられた。それと同じことがここで行われているのではないか。つまりバロック期の「怒り」は、殺人や自死につながるほどの究極の感情として表現されていたが、果たしてモーツァルトが怒りを真剣に表現したのか、それともドン・ジョバンニの立場で女性を揶揄しているのか、ここでは2つの見方ができるだろう。これはオペラ・ブッファなので、もしかしたらこの女性の感情表現を少々古く見えるように描いたのかもしれない。

また1つのオペラに、セリア風の人物（ドンナ・アンナ）、ブッファ風人物（ツェルリーナ）、その両要素をもつ人物（ドンナ・エルヴィーラ）が共存していることがわかれば、この作品の複雑さや意味合いをもっと味わえるでしょう、と考察が加えられた。

ロマン派の『椿姫』のアリアではどうだろうか。

病身の高級娼婦ヴィオレッタは青年アルフレードと愛し合うようになるが、その交際を彼の父に反対されたため、そっと身を引き、やむなく男爵と共に社交場に現れる。それを知らないアルフレードが、ヴィオレッタから男爵を愛していると告げられたとき。

アルフレードは社交場にいる全員の前で、愛を見捨てたヴィオレッタに「この女性をご存知ですね」となじりながら男爵との賭けで勝ちとったお金を投げつける。

では、この行為にはどんな意味があるのか、とポロック先生は問いかける。

「彼女に裏切られたと思い、侮辱した」と答える学生に対し、「確かにそうですね。しかし彼自身は狂っているわけでもなく、取り乱してもいない。そこが興味深い点です」。

音楽でも、アルフレードの怒りがあからさまに表現されている時間はほんのわずか。これが伝統的表現にのっとっていたならば、一曲全体を使い何分にもわたって怒りが表現されていただろう、とポロック先生。実際この数年前に作曲された『イル・トロヴァトーレ』では、数分かけて同じような感情を繰り返し表現していた。

ヴェルディはこうした伝統的手法から脱却し、新しい表現方法を試みていた、との考察を示した。

■感情表現を増幅するアーティキュレーション

究極の感情表現には、さまざまなテクニックが駆使されている。

特にアリアは声域的・音楽的にも高難度の曲が多い。

『魔笛』の「夜の女王のアリア」もその1つだ。

娘（王女）を悪魔に誘拐された夜の女王は、王子に娘を取り戻しに行ってくれるよう頼み、自らも悪魔のもとへ向かう。母は娘に短剣を渡し、悪魔を刺すようにと諭しながらこのアリアが歌われるが、この「怒り」が大袈裟に感じられるのはなぜだろうか？

「スタッカートで音が短い」「アクセントのパターンが特徴的」など、学生がアーティキュレーションについて注目した点を発表。

それに対して先生は、「怒り」の表現にはオノマトペが効果的に使われており、またコロラトゥーラなど超絶技巧を用いるよい口実になっていると解説した。

なお、娘が連れ去られたのは実は神殿で、神官が毒母から娘を守っていたという逆転の展開が待っている。助けに行った王子は数々の試練を乗り越えて王女と結ばれ、夜の女王は太陽の光によって退けられる。

「怒り」が大袈裟な表現になっているのは、モーツァルト風の揶揄かもしれない。

■感情表現に沿うオーケストレーション

歌だけではなく、オーケストラも「怒り」の表現に一役買っている。

『アルミード』でオーケストレーションに着目したという学生は、終盤に聞こえてくる打楽器が印象に残ったよう。

そこで先生から、フランスのバロックオペラにおける打楽器の重要性や演奏習慣（通奏低音や装飾音などを含むオーケストレーションを自分たちで行う必要があること）、また打楽器と舞踊の深い関係などが補足説明された。

こうしたオーケストレーションやその役割は、時代によって変化する。古典派『ドン・ジョヴァンニ』のエルヴィーラのアリアでは、オーケストラは特定の言葉に陰影や色彩をつけているわけではなく、歌詞そのものがすべてを表現していた。しかしロマン派の『椿姫』になると、オーケストラは単なる伴奏ではなく、瞬間瞬間のシーンを彩っている。登場人物が言葉を発するたびに、オーケストラはそれに反応する。それが19世紀におけるオーケストラの精神的な役割である。

ポロック先生の解説によって、学生たちにもオーケストラを含む音楽全体を聴き取る力がついてきたようだ。

■用語や定義を理解する

オペラを学ぶにあたり、個々の作品事例だけでなく、「オペラの定義とは」「オペラとはどんなジャンルを指すのか」「オペラにおける慣例とはどう定義されるのか」といった基本的かつ本質的なテーマも取り上げられる。

そもそもこの授業の目的は、オペラというジャンル、そしてその慣例・伝統的表現法を学ぶことにある。この日も授業開始時にリーディング資料が配布され、それについてのディスカッションが行われた（Alessandra Campana 'Genre and Poetics' from "The Cambridge Companion to Opera Studies"）。これはウォームアップと呼ばれ、毎週の取り組みが成績評価の対象にもなる。

当日のディスカッションテーマは、「オペラの定義には、どんな難しさがあるか」「ジャンルの一貫性を保つために、なぜ慣例・伝統的表現法が必要なのか」「個々のオペラを『慣例』として扱うことはなぜ難しいのか」などであった。

なおこの著者によれば、「慣例（Convention）」とはオペラにおける1つ1つの構成要素を指し、「ジャンル（Genre）」とはそれらを概念化・標準化したものである。

このようなリーディングやディスカッションが毎週行われ、クラスの最終論文ではオペラにおける「慣例」について論じる。

どう学ぶのか～クラススケジュールと課題

クラスは毎週各90分×2回行われ、毎回1つのテーマについてさまざまな角度から考察を加えていく。実際は順不同であるが、本書ではわかりやすいように3つのカテゴリー「人間の情動」「情景描写」「音楽のジャンルと役割」に分けた。

【人間の情動】

オペラでは人間の激しい情動が芸術的に表現されている。

何と最初の授業で扱うのは「死のシーン」だ。

教材となるのは、ヴェルディ『椿姫』、ワーグナー『トリスタンとイゾルデ』、プッチーニ『ラ・ボエーム』の最終シーンである。『椿姫』『ラ・ボエーム』では死にゆく女性主人公が恋人に向けて、『トリスタンとイゾルデ』では息絶えたコーンウォールの甥トリスタンを思いながら、王に嫁ぎながらも愛しあうイゾルデが「愛の死」を歌う。

死に際して歌われるアリアやデュエットには、出会いから幸福な日々の回想、究極の愛や許しの言葉が込められ、作品全体のテーマをより高みへと導きながら締めくくっている。

「愛のデュエット」は全4回の授業で取り上げられる。まさにオペラがオペラたる所以ともいえるシーンが多く、学生たちにも人気のテーマである。

扱う曲は、モンテヴェルディ『ポッペアの戴冠』より「ポッペアとネローネの愛の二重唱」、モーツァルト『魔笛』より「パパゲーノとパパゲーナの二重唱」、ジョアキーノ・ロッシーニ『セヴィリアの理髪師』より「ああ、思いがけないこの喜び」、ジョルジュ・ビゼー『カルメン』より「お前の投げたこの花は」、ワーグナー『トリスタンとイゾルデ』より愛の夜の場面の二重唱」、チャイコフスキー『エフゲニー・オネーギン』より「手紙のシーン」、プッチーニ『ラ・ボエーム』より「冷たき手を」、『蝶々夫人』より「ある晴れた日に」、ストラヴィンスキー『道楽者のなりゆき』より「森は緑に萌え」など。

いずれも作品のハイライトとなるアリアやデュエットであり、始まったばかりの愛、紆余曲折を経て勝ち取った愛、裏切られても信じ続ける愛、相手を信じながら待ち焦がれる愛など、さまざまな愛が表現されている。

「怒り」については、前の項目で取り上げた通りである。

その他、テーマと教材作品は以下の通り（各アリアの題名・曲名は省略）。

・「誘惑」
モンテヴェルディ『ポッペアの戴冠』、ヘンデル『エジプトのジュリアス・シーザー』、モーツァルト『ドン・ジョヴァンニ』、ヴェルディ『リゴレット』、ビゼー『カルメン』など。

・「祈り」
ヴィンチェンツォ・ベッリーニ『ノルマ』、プッチーニ『トスカ』、フランシス・プーランク『カルメル会修道女の対話』など。

※その他、「哀歌」「悪役」、「狂気」「友情のデュエット」「芸術的な歌／芸術性なき歌」など。

【情景描写】

オペラでは音楽が情景描写の役割も果たしている。どのような劇的効果を高めているのだろうか。以下の作品に登場する音楽の比較考察が行われた。

・「嵐」
ワーグナー『さまよえるオランダ人』、ヴェルディ『リゴレット』、ブリテン『ピーター・グライムズ』など。

・「超常現象・神秘」
リュリ『アルミード』、モーツァルト『ドン・ジョヴァンニ』『魔笛』など。

※その他、「戴冠式」「異国情緒」など。

【音楽のジャンルと役割】

音楽にはさまざまなジャンルがあるが、それぞれストーリーにどのような意味や効果を与えているのか。序曲は作品の冒頭で何を暗示するのか。舞曲はどのような状況で使われ、どんな文化や社会を示唆するのか。興味深い考察がなされたことがうかがえる。

・「序曲」
モンテヴェルディ『オルフェオ』、モーツァルト『フィガロの結婚』、ロッシーニ『セヴィリアの理髪師』、リヒャルト・シュトラウス『ばらの騎士』など。
・「舞曲」
リュリ『ペルセ（ペルセウス）』、パーセル『ディドとエネアス』、グルック『オルフェオとエウリディーチェ』、チャイコフスキー『エフゲニー・オネーギン』）など。
※その他、「セレナーデ」「民謡」「合唱」「早口の歌」。

■課題

★ウォームアップ
「ウォームアップ」とは、毎回授業の冒頭20～25分で、資料を読み、質問に答え、クラスでディスカッションする課題である。「オペラの定義とは？」など、この授業全体の大きなテーマを扱うことも多い。

★宿題
「宿題」は次回扱うテーマに沿った映像や音源を視聴し、質問事項に対して自分なりの答えを用意しておくこと。これは予習を兼ねた課題である。これが成績の25％を占めることを考えると、いかに毎回の授業におけるディスカッションの質を重視しているかがわかるだろう。

たとえば「嵐」のテーマでは、指定された5作品の映像を視聴し、以下の質問の答えを考えておく（パーセル『ディドとエネアス』、ワーグナー『さまよえるオランダ人』、ヴェルディ『リゴレット』『オテロ』、ブリテン『ピーター・グライムズ』）。

〈質問〉

・〝現実〟の天候を描くために、どのような音楽的要素がよく使われているか。具体的事例を示すこと。

・嵐はドラマにどのような雰囲気や劇的作用を与えているか。具体的事例を示すこと。

・嵐が起きることでその場やコミュニティに何をもたらしているか。具体的事例を示すこと。

★オペラ・リポート①②

「オペラ・リポート」では、必ず学期中に2回はオペラ公演を見に行き、そのリポートを書くのが課題となっている。

歌と演技、オーケストラ、舞台デザインなどの質、聴衆の反応、自分がその公演を楽しめたか否か、その理由などについて書く。授業での学びが、実際の公演にも生かせるかという応用課題にもなる。なお、この時期に鑑賞できるオペラのラインアップが紹介されているが、現代作品が多いのがボストンらしい！

★論文❶・❷

「論文❶」では、授業では扱わなかった慣例を挙げ、授業で扱った作品を通して考察する（約1200語）。

「論文❷」は授業で登場しなかった作品を1つ挙げ、授業内で扱った慣例が、どのようにストーリーテリングに使われているかを分析する（約2500語）。

これは学んだ理論の実践的応用でもある。

成績評価

どのクラスにもいえることだが、このクラスも一方向的なレクチャーではない。出席、ディスカッションへの積極的参加、コンサート鑑賞、論文提出が求められる。評価方法は以下の通り。

・出席　10％

・ウォームアップ　10％
・宿題　25％
・オペラ・リポート①②　5％・5％（各500語）
・論文❶　20％
・論文❷　25％

〈担当教授・講師インタビュー〉
感情の高まりはどう様式化されているのか
～エミリー・リッチモンド・ポロック先生

音楽史の順序に沿って作曲家や作品分析をする授業が多いと思うが、この「オペラ」は「人間の情動」「社会状況」「自然の情景」といったシーン別に分けて学ぶという珍しい授業内容だ。

この授業を考案したきっかけを伺った。

「『オペラ』の授業はこれまで5～6学期行っていますが、以前は演劇を基にしたオペラを取り上げていました。モーツァルト『フィガロの結婚』、ロッシーニ『セヴィリアの理髪師』（いずれもボーマルシェ脚本）、ヴェルディ『オテロ』（ウィリアム・シェイクスピア原作）、リヒャルト・シュトラウス『サロメ』（オスカー・ワイルド原作）の4作品です。

演劇の台本を読んでからオペラを鑑賞し、両方を学びながら、媒体によってどのように意味合いが変わるのかを考察しました。その授業はもう3学期分行ったので、次は作曲家・作品ともにレパートリーを増やしたいと思ったのです。

とはいえ、歴史検証的な内容にするつもりはありませんでした。というのも、音楽史のクラスを事前に履修していない学生もいるので、バロックや古典派がそもそも何であるかを一から教えなければならないこと、また、いきなりモンテヴェルディやヘンデルなどのバロッククオペラから興味をもってもらうのはなかなか難しいことがあります。

それに対して、プッチーニなどのロマン派作品は感情が表に出されていますし、描かれている感情が映画音楽とも似ているので理解しやすいですね」

感情が表出するオペラ、その初回授業が「死」から始まるのが興味深い。学生はどう受けとめていたのだろうか。

「オペラは何といってもメロドラマですから。メロドラマが好きな人は多いですよね。

学生は『死』というテーマにとても興味をもっていたようです。事前にほかの作品を見てきたという学生もいました。

死にゆく人が歌うというのは現実とは違うので少し奇異に感じるかもしれませんが、オペラがいかに人為的に創作・様式化されたものであり、感情や心情の高まりが極端に表現されているかを示すいい例ですね。

狂気、怒り、情熱などについても同じことがいえます」

授業では「愛のデュエット」を4回取り上げ、最終回は「友情のデュエット」で締めくくられる。この選曲と並べ方にはどのような思いがあるのだろうか。

「**誰もが愛を歌います。それがオペラの中心テーマでもありますね。**愛のデュエットが作曲家によってどのように表現され、時代によってどう変わるのか、歴史的変遷も追いながら学びました。

また学期末は論文に力を入れるために課題は少なめにしていますが、それでもこの友情のテーマにもぜひ触れてほしいと思い選びました。

愛や怒りといった普遍的なテーマでも、その表現の仕方は作曲家によってまったく違うことがあります。同じテーマや同じ感情を異なる作曲家がどのように表現しているのか、それを考察するのは興味深いものですね」

人間の情動は普遍的である。オペラという特定の芸術様式にのっとった作品でも、その中にあるテーマは現代社会と通じることも多い。たとえば「戴冠式」をテーマにした授業では、次のような話し合いをしたそうだ。

「『戴冠式』のテーマを扱った授業では、アメリカ大統領就任式についても話し合いました。歴代の大統領の就任式では国歌が歌われてきましたから。このように、現代社会とつなげて考えるようにしています」

普段から社会動向に意識を向ける姿勢はMIT全体にあり、音楽学科もその精神を共有している。

たとえば、大学ホームページに「2018年アメリカの中間選挙への関心を高めるための音楽」という趣旨の記事が掲載されていたことがある。

音楽学科教授陣によるお薦めの曲と選曲理由が述べられているが、ポロック先生のお薦めは?

「私はミュージカル俳優リン＝マニュエル・ミランダ主演の『ハミルトン』より「マイ・シヨット」を選びました。

誰でも投票する権利がある、それを自覚することが民主主義には大事だと思ったからです。どうせ何も変わらないと悲観的になると投票しなくなりますが、自分が行動することで何かが変わると感じられるのであれば、そうすべきだと。それがこの歌の趣旨でもあります。特定の候補者を推薦するわけではなく、なるべく中立的な立場から、すべての人々にとってよりよい社会にするために、参加することを促したい。それが私の選曲理由です」

このように授業ではさまざまなテーマを扱うが、それを自分なりに消化するためにいくつかの課題がある。

たとえば毎回授業冒頭にはウォームアップが行われる。その日議論するテーマについての配布資料を読み、いくつかの問いに答えていくものだが、これによってその後の議論や発言がより活発になる。今回は、基本用語の定義についての振り返りと議論が行われた。

「ウォームアップは毎回ありますが、今回の授業では論文❷に向けて行いました。論文❷では全体テーマである『ジャンルと慣例（Genre and Convention）』について書いてもらうので、リーディングと討論を通して考察を深めてもらいたいと考えました。

ウォームアップのテーマは必ずしも毎回新しいトピックとは限らず、今回のようにあらためて取り上げることで考えを掘り下げてほしいと思っています」

また授業外に、2回のオペラ鑑賞&リポートが課されている。

ボストンでは現代オペラ公演の開催が多いようだが、学生たちはどのように受けとめたのだろうか。また授業方針としてコラボレーションが奨励されており、オペラ鑑賞も誰かと一緒に行くことが推奨されているが、ポロック先生の意図は？

「ボストンは少しユニークで、確かに現代オペラの上演機会が多いです。

それなりの公演数はありますが、ニューヨークのメトロポリタン歌劇場などと同じようなプログラムではありません。2年前にこの授業を行ったときは『トスカ』を上演していましたが……。

でも私たちが授業内で討論してきたテーマの要素はどの作品にもあります。愛のデュエットが存在しないオペラはないですよね。もちろん表現様式はそれぞれ違いますが、慣例とは何かをわかっていれば、伝統的な作品でも現代作品でも理解することができます。

またオペラ鑑賞は誰かと一緒に行ったほうが楽しいですし、1つの社交体験になります。

もしそのような機会を創るのが難しければ、シラバスに書いてあるからと相手に伝えられますね。

ただし、エッセイや宿題は自分の責任において行うこと。MITでは自分で課題をこなすことは特に問題ないようです」

こうした課題を積み重ねた上で、論文が2回課される。

「論文❶では授業で扱った作品を題材に、授業で扱っていない『慣例』について書いてもらいました。

たとえば『魔笛』に登場するような意地悪な母や、口論のシーン、神秘体験のシーン、ワルツが社交イベントにどう使われているか、などといったテーマもありました。皆さんよく考えていましたね。

今回のような『怒り』をテーマにしたアリアでは、そこで何が起きているのか、なぜそのような怒りが湧き上がるのかと問いながら、それをオペラの『慣例』にあてはめて考えてほしいと思います。

論文❷では授業で扱っていない作品を題材に、授業で扱った

『慣例』について書いてもらう予定です」

授業で扱っていない作品に、すでに学んだ知識や理論をどれだけ生かせるか。それが最後の課題である。

とはいえオペラ作品中に表現されている人間の感情がテーマになっているので、自分に引き寄せて考えやすい。それがポロック先生の意図でもあるのだろう。

なおポロック先生はハーバード大学(学士号)を経て、カリフォルニア大学バークリー校(修士号)で、オペラを専門に研究。「第2次世界大戦後のドイツにおけるオペラ作品」をテーマにした著書を昨年出版している(Emily Richmond Pollock "Opera After the Zero Hour", Oxford University Press, 2019)。

はきはきと表情豊かに、そして公平な姿勢で授業を進める姿勢も、学生の熱意を掻き立てているようだ。

コラム

MIT教授が答える「選挙に向けて、どの音楽を聴く？」

一社会人として主体的に世界と関わること――MITはつねに世界の動きと連動している。

大学公式ホームページでは日々、どの研究分野でどのような取り組みや成果があったか、特定のトピックについてどう思うか、MITがどのように世界中の研究者・教育者に働きかけているか、また新入生のデータや卒業生就職先など、細かいデータが掲載されている。

1つ事例をご紹介したい。先のインタビューでも少し触れたが、「2018年アメリカの中間選挙への関心を高めるための音楽」というトピックに対して、12名の音楽学科教授が答えている。こちらが推薦曲とその理由である（一部抜粋）。

・「リン=マニュエル・ミランダ『ハミルトン』より「マイ・ショット」」――1人1人が主体的に考えて投票してほしい」（エミリー・リッチモンド・ポロック先生）

・「アーロン・コープランド『リンカーンの肖像』」――第16代大統領エイブラハム・リンカーンの講演の一部がナレーションに入っている管弦楽または吹奏楽作品を聴いてほしい」（ピータ

ー・チャイルド先生）

・「チャイルディッシュ・ガンビーノ『ディス・イズ・アメリカ』――今の政治状況に対して合衆国民が感じていることがそのまま表現されています」（パトリシア・タン先生）

・「ヴェルディ『ドン・カルロ』よりフェリペ2世と大審問官の対話シーン（＊信仰のためなら、異教擁護派の忠臣殺害まで要求する大審問官に対し、王は動揺する）――政教分離がいかに重要であるかを思い出してほしい。この音楽が暗示する闇を広げてはなりません」（チャールズ・シャドル先生）

・「ジョン・ウィリアムズ『アーリントン』――映画『JFK』のジョン・F・ケネディ大統領の葬儀場面で流れるマーラー風の嘆きの音楽です。ケネディ大統領は雄弁でウイットがあり、他者の意見に耳を傾ける賢さと新しい世界観を描ける力がありました」（マーティン・マークス先生）

・「ベートーヴェンのピアノ協奏曲第4番――苦悩、勝利、ユーモア……世界のすべてがここにあります。選挙期間の喧騒の中で、ほっと一息入れてほしいですね」（テレサ・ネフ先生）

また2016年選挙時には、MITで催し物「声と歌で結束しよう」が開催され、ジャズを教えるマーク・ハーヴェイ先生作曲「ノー・ウォールズ（壁などない）」などが演奏されたそうだ。すべての人々の自由と尊厳が尊重されることを願って――。

《ザ・ビートルズ》複合的な表現を読み解く

何を学ぶのか～目的

1960年代に世界中を熱狂させた英国のロックバンド、ザ・ビートルズ。

この「ザ・ビートルズ」クラスでは、毎週2回の授業でビートルズのアルバムを1枚ずつ取り上げながら、その音楽的・歴史的足跡を検証し、楽曲分析を通してビートルズの音楽的特徴やその後世に与えた影響などを読み解いていく。またビートルズ結成前のメンバーたちの動向（クオリーメン、ビートルマニア）についても触れる。

さらには**ビートルズが仲間同士で刺激や影響を与え合ったように、このクラスでもグループ・ラーニング、グループ・プレゼンテーションなどを通して、仲間から学ぶということを体感してもらう。**

担当講師はテレサ・ネフ先生。「西洋音楽史入門」も担当するネフ先生はいつも落ち着いた朗らかな語り口で、授業外の時間にも教授室前で学生の相談に乗る姿がよく見られた。
使用教材はHunter Davies "The Beatles"。

クラスはどのように進められるのか

■3つを同時観察〜音楽・歌詞・映像の関連性

この日取り上げた作品は、「ペニー・レイン」「ストロベリー・フィールズ・フォーエヴァー」「マジカル・ミステリー・ツアー」「イエロー・サブマリン」「オール・トゥゲザー・ナウ」。

まず「ペニー・レイン」の楽曲分析をしながら、音楽・歌詞・映像の関連性を読み解いていった。

どのような和声進行なのか。
AからBセクションへの移行がなぜこれほど洗練されているのか。
音楽・歌詞・映像はどのように関連し合っているのか。
どの和音にテンションを感じるか。そのとき映像はどうなっているのか。

リズムと映像の切り替えはどう連動しているのか。

ノスタルジーを感じさせるのは音楽・映像それぞれにどんな要因があるのか。

なぜ彼らは白馬に乗った18世紀風の警部（サージェント・ペパー）の格好で郊外でお茶を飲んでいるのか。これは後年リリースされた『サージェント・ペパーズ・ロンリー・ハーツ・クラブ・バンド』に影響を与えたのか。

ペニー・レインを歩くジョン・レノンのカットの意味は？


……などなど、さまざまなポイントが学生または先生から指摘された。

ビートルズファンが多いのか、クラスはとても和気藹々《わきあいあい》とした雰囲気で、皆楽しんでいる様子。その中で、音楽や映像をよく観察して、的確な意見を発表していた。

またこの曲と両A面でリリースされた「ストロベリー・フィールズ・フォーエヴァー」は、前者がノスタルジックであるのに対し、超現実的な雰囲気のある曲。その和声進行分析や、この楽曲で使われたメロトロンという当時最先端の楽器について、そのメカニズムを解説した映像が紹介された。

■暗示を解読～独特のジョークやアイロニー

1967年の映画プロジェクト『マジカル・ミステリー・ツアー』、1969年発売のアルバム『イエロー・サブマリン』、同アルバム収録曲である「オール・トゥゲザー・ナウ」では、英国風のジョーク、彼ら独特のアイロニーを読み解いていった。「オール・トゥゲザー・ナウ」では、ポップシンガーらしい軽やかさと子どもの音楽のようなシンプルさと、その中にあるアイロニーが表現されている、などが指摘された。

また当時最先端の楽器メロトロンを使ったり、「イエロー・サブマリン」「オール・トゥゲザー・ナウ」などのプロモーション映像ではアニメーションを用いたりするなど、楽曲テーマの斬新さ、ハーモニーの革新性だけでなく、楽器や映像などに表れる先見性についても議論された。

どう学ぶのか〜クラススケジュールと課題

このクラスではグループ・プレゼンテーションを通して学ぶが、学期半ばのプレゼンテーションでは各学生が1曲を分析する。

その曲が生まれた背景、歌詞の紹介、その曲にまつわるストーリー、和声進行の分析、音楽と歌詞の関係性、そして最後にクラス全体に対してディスカッションテーマを投げかけるのが特徴だ。

たとえば「イン・マイ・ライフ」（1965年発売のアルバム『ラバー・ソウル』より）

を取り上げた学生は、1番・2番をつなぐ移行部においてジョージ・マーティンが電子ピアノでソロを弾いているが、それがハープシコードのように聞こえる。しかもそのメロディはバッハの対位法にも似たバロック音楽風であり、これが特徴的であることを指摘。「なぜここがハープシコードによってつながれているのか。ジョン・レノンが伝えたい歌詞／ストーリーとどのような関連性があるか」といった質問を投げかけた。

また、「エレノア（エリナー）・リグビー」（1966年発売のアルバム『リボルバー』より）について発表した学生は、この曲が戦後の英国における未亡人の寂しさをテーマにしていることから、ビートルズがポップバンドスタイルから、より実験的なスタジオミュージシャンへと変化したきっかけとなった曲であることや、部分的に旋法を使用したり、弦楽四重奏を伴奏にしたりしている斬新さについて指摘。その上で、ディスカッションテーマとして、「弦楽四重奏はビートルズのテクスチュアをどう変えたか？　弦楽四重奏の演奏はなぜ、どのように独創的なのか。なぜこの曲には旋法が使われ、それは伝統的な調性音楽の和声進行とどう違うのか」、などが問いかけられた。

このように、ビートルズはさまざまな時代の様式や要素を取り入れており、西洋音楽史の基礎があってこそ、より楽しみながら学べるアーティストなのだ。

これら作品の映像・音楽・歌詞すべての要素を読み解き、その中からもっとも特徴的なものを取り上げて議論する――これは授業内容を消化している証でもある。

このアプローチは他科目でも応用できるだろう。

成績評価

- 毎週の楽曲分析プレゼンテーション（10回）　70％
- 最終プロジェクト　13％
- 毎週のプレゼンテーションの振り返り（2回）　10％
- 授業への出席　7％

創造者としてのビートルズを、グループで学び合う～テレサ・ネフ先生〈担当教授・講師インタビュー〉

ビートルズの心地よいサウンドとリズム、和気藹々とした雰囲気に包まれるクラス。どの学生もよく音楽を聴き、映像を観察し、歌詞を吟味し、自分の考えを堂々と述べ、先生とも楽しそうに対話していたのが印象的である。

このクラスの特徴についてネフ先生に伺った。

「学生たちは本当にビートルズが好きで、曲をよく知っているので、さらにその知見を押し広げてほしいと思っています。

このクラスでは学期を通してグループ・プレゼンテーションを行います。

ビートルズがグループを結成したとき、彼らはお互いに学び合っていたので、このクラスでもそれを見習いたいと思いました。音楽知識や読譜力には多少差がありますので、うまく交じり合うようにグループを分け、お互いに話し合って助け合えるようにしています。これまでに3回グループを替えていますので、ほぼ全員が別の人と組んだことになります。

また仲間を批評するピア・クリティキングも行います（自分がよいと思ったプレゼンを2つ選び、その理由を2点、より掘り下げられるポイントを2点、新しい観点を1点提案してもらう振り返り課題）。これらはこの『ザ・ビートルズ』というクラスならではの進め方ですね」


各自への配慮もしながら、グループという特徴を最大限に生かして、自由に意見を引き出す工夫がなされている。ではプレゼンテーションのトピックはどのように選んでいるのだろうか。

「授業で扱うアルバムとその概要をシラバスに記載していますので、その曲目の中から選びます。今週は7曲分をプレゼンしてもらう予定です。

発表内容の基本要素としては、誰がその曲を書いたのか、テキスト（歌詞）には何が書かれているのか、英国特有の語法や現代語にはない単語があるか、曲の形式や和声進行、テキスト・ペインティング（たとえば『下へ』という歌詞に対して音程も下がっていくこと）、また何か通常と違うことや気になった点があれば発表してもらいます。

ＭＩＴの学生は協働するのが本当に上手ですね。コラボレーションはこの大学の教育哲学でもあります。毎週のプレゼンテーション内容も興味深いもので、彼らの成果にとても満足しています（成績評価の70％を占める）。来週は5ページ分の短いエッセイを書いてもらい、最後の授業2回はそれについてのディスカッションを行います（最終プロジェクト）」

このようにビートルズをあらゆる角度から掘り下げていくうちに、彼らのようにさまざまな能力をもったグループならではのダイナミズムも育まれるのかもしれない。

このクラスは2年目（２０１7年&２０１9年）にして、すでに大人気だ。ネフ先生はなぜこのクラスを創ったのだろうか。

「もちろん個人的にビートルズは大好きです。

このクラスが何より興味深いのは、音楽経験やレベルの異なる学生たちが集まり、一緒にワークすることを通して、それぞれの強みを引き出せることにあります。ほかに担当している『西洋音楽史入門』も同じですね。

それに、ビートルズのアルバム12枚がちょうど1学期（14週。ただし、第1週と最終週は除く）にぴったりはまったのです。ビートルズはこれだけのアルバムを10年以内にリリースしているわけですね。

実は『アメリカのポップミュージック』という授業も担当していますが、ある年の最終プロジェクトで『30年以内に発売されたポップスを1曲取り上げ、その歴史的背景・起源を追うこと』を課題にしたところ、どの曲もビートルズに起源が認められると論じていたのです。

また、ある学生は米英ではなく日本のテクノ・グループを取り上げたい、と許可を求めてきたので承諾しましたが、やはりビートルズにその起源があると書いてきたのです！

それにしても、ビートルズがアメリカから影響を受け、アメリカにこれだけの影響を与えていることは、考えただけでも凄いことです。そんな理由から、ビートルズを授業で扱ったらおもしろいんじゃないかしらと考えて、作曲家としてのビートルズを学ぶクラスを創ったのです。

このクラスでは、アーティスト自身のストーリーよりも、彼ら

の楽曲を芸術と捉え、それらを分析し、作曲家・作詞家として彼らがどのように成長を遂げたのかを探究したいと思います。ですから1学期を通して、彼らのアルバムを時系列的に聴くようにしました」

ビートルズだけで1学期分の授業が成立することは、確かに特筆に値する。その音楽的リソースを、学術的にも最大限に生かしたクラスなのである。

※テレサ・ネフ先生。ボストン大学で音楽博士号を取得。ボストンに拠点を置く、古楽演奏・合唱・教育などで知られるヘンデル&ハイドン協会にも近年深く関わっている。もう一つの担当授業「西洋音楽史入門」では同協会のメンバーの演奏から学ぶことも。

第2章 PLAYLIST

〈西洋音楽史〉

グスタフ・マーラー	交響曲第1番 第3楽章
クロード・ドビュッシー	管弦楽曲『3つのノクターン』より第1曲「雲」
モーリス・ラヴェル	ピアノ協奏曲 ト長調
ギョーム・ド・マショー	シャンソン「私のすべての喜びの源であるお方よ」
ジョスカン・デ・プレ	シャンソン「千々の悲しみ」
ジョヴァンニ・ダ・パレストリーナ	『教皇マルチェリスのミサ』より「グロリア」
作者不詳	マドリガル『ヴェスタはラトモス山を駆け下りながら』
ヨハン・セバスチャン・バッハ	カンタータBWV4「キリストは死の縄目につながれたり」第3変奏
ゲオルク・フリードリヒ・ヘンデル	オラトリオ『メサイア』より「ハレルヤ」
アルカンジェロ・コレッリ	トリオ・ソナタOp.2-12「チャコーナ（シャコンヌ）」
アントニオ・ヴィヴァルディ	「2つのマンドリンとオーケストラによる協奏曲」
J・S・バッハ	「平均律クラヴィーア曲集」第1巻 第16番BWV861 ト短調 前奏曲とフーガ
フランツ・ヨーゼフ・ハイドン	交響曲第94番『驚愕』
ウォルフガング・アマデウス・モーツァルト	ピアノ協奏曲第23番K.488 第2楽章

ルートヴィヒ・ヴァン・ベートーヴェン	交響曲第5番Op.67 第1楽章
ロベルト・シューマン	連作歌曲『詩人の恋』Op.48より 第1曲&第16曲
フリデリク・ショパン	ノクターン第5番Op.15-2
フランツ・リスト	超絶技巧練習曲 S.139より第8番「荒野の狩」
エクトル・ベルリオーズ	『幻想交響曲』Op.14 第5楽章「魔女の夜宴の夢」
ピョートル・チャイコフスキー	幻想序曲『ロメオとジュリエット』
ジュゼッペ・ヴェルディ	オペラ『リゴレット』より四重唱
ジャコモ・プッチーニ	オペラ『蝶々夫人』より「ある晴れた日に」
イーゴリ・ストラヴィンスキー	バレエ『春の祭典』より第1部「大地の礼賛」
アルノルト・シェーンベルク	『月に憑かれたピエロ』より第18曲「月のしみ」
アントン・ウェーベルン	『管弦楽のための5つの小品』より第4曲
アルバン・ベルク	オペラ『ヴォツェック』より第3幕 第3〜4場
ジョージ・ガーシュウィン	ピアノ独奏と管弦楽のための協奏曲『ラプソディー・イン・ブルー』
バルトーク・ベーラ	「弦楽器、打楽器とチェレスタのための音楽」第2楽章
セルゲイ・プロコフィエフ	カンタータ『アレクサンドル・ネフスキー』Op.78より第5曲「氷上の戦い」
チャールズ・アイヴズ	『オーケストラ・セット第2番』より「ロックストルーンの丘」
ルース・クロフォード＝シーガー	『ピアノのための前奏曲』より第6番
チャーリー・パーカー&マイルス・デイヴィス	「アウト・オブ・ノーウエア」

レナード・バーンスタイン　ミュージカル『ウエスト・サイド物語』より「クール」
エドガー・ヴァレーズ　「ポエム・エレクトロニック」
ジェルジュ・リゲティ　無伴奏16部混声合唱曲「ルクス・エテルナ」
スティーブ・ライヒ　『18人の音楽家のための音楽』より「パルス」
ジョン・アダムス　オペラ『ドクター・アトミック』より「わが心を打ち砕け」
キャロライン・ショウ　『8声のためのパルティータ』より　第2曲「サラバンド」
フランツ・リスト　ピアノ独奏と管弦楽のための『死の舞踏』S.126

〈ワールドミュージック入門〉

チベットのスロート・シンギング／インドネシアのガムラン／日本の箏／北インドのカタック舞踊／スコットランドのバグパイプ／ジンバブエのムビラ／セネガルのサバール・ドラム

〈オペラ〉

ジャン＝バティスト・リュリ　『アルミード』よりアリア「ついに、彼はわが力のもとに」
ゲオルク・フリードリヒ・ヘンデル　『エジプトのジュリアス・シーザー』よりアリア「今や正義が矢を弓につがえ」
ウォルフガング・アマデウス・モーツァルト　『ドン・ジョヴァンニ』よりアリア「ああ、いったい誰が教えてくれるの」
ウォルフガング・アマデウス・モーツァルト　『魔笛』よりアリア「復讐の炎は地獄のようにわが心に燃え」
ジュゼッペ・ヴェルディ　『椿姫』第13～14場より二重唱
リヒャルト・ワーグナー　『トリスタンとイゾルデ』より「愛の死」

クラウディオ・モンテヴェルディ　『ポッペアの戴冠』より「ポッペアとネローネの愛の二重唱」

ジャコモ・プッチーニ　『ラ・ボエーム』より「冷たき手を」

〈コラム〉

リン=マニュエル・ミランダ　映画『ハミルトン』より「マイ・ショット」

アーロン・コープランド　語り手と管弦楽のための『リンカーンの肖像』

チャイルディッシュ・ガンビーノ　『ディス・イズ・アメリカ』

ジュゼッペ・ヴェルディ　オペラ『ドン・カルロ』より「私は王の御前にいるのか」

ジョン・ウィリアムズ　映画『JFK』より「アーリントン」

ルートヴィヒ・ヴァン・ベートーヴェン　ピアノ協奏曲第4番 Op.58 第1楽章

マーク・ハーヴェイ　「ノー・ウォールズ」

〈ザ・ビートルズ〉

「ペニー・レイン」「ストロベリー・フィールズ・フォーエヴァー」「イエロー・サブマリン」
「オール・トゥゲザー・ナウ」「イン・マイ・ライフ」「エレノア（エリナー）・リグビー」

第3章

しくみを知る・創る

第3章概要

しくみを知る・創る

ものを創り出すには、もののしくみを知ることから始まる。

そもそも、しくみや原理を知るとは、創造の原点に触れることでもある。

物理学者スティーヴン・ホーキング博士は、こう語っている。

「子どもの頃の私は、ものの仕組みにとても興味があった。(中略)いまの私の仕事は、やはりものの仕組みを明らかにすることだ。(中略)物理法則を使って、宇宙の仕組みを明らかにしようとしている」(スティーヴン・ホーキング著、青木薫訳『ビッグ・クエスチョン』／ＮＨＫ出版／ｐ２１７)。


何事も深く掘り下げれば、創造の神秘にたどり着く。それは音楽も同じである。

楽曲はリズム・メロディ・ハーモニーなどの要素で成り立っているが、その全体像を読み解くことは作曲のプロセスをたどることであり、その先では「なぜこの曲が生まれたのか」という創造の源泉にたどり着く。

ごく短いモティーフから壮大な音楽が構築されていることに、驚くこともあるだろう。ストラヴィンスキーはバレエ『春の祭典』作曲に際し、「ある日ふと、その光景が思い浮かんだ」と述べている。宇宙の創造の瞬間が神秘的であるように、音楽の創造の瞬間も神秘的なのだ。

この章では、音楽理論を学びつつ作曲の第1歩を踏み出す「ハーモニーと対位法Ⅰ」、本格的な作曲に取り組む「調性音楽の作曲Ⅰ」「20世紀音楽の作曲」の各授業を、

・何を学ぶのか～目的
・クラスはどのように進められるのか
・どう学ぶのか～クラススケジュールと課題
・担当教授・講師インタビュー

という流れに沿って取り上げる。

さまざまな時代・様式の作曲技法を学びながら、音楽の自由さ、複雑さ、曖昧さ、神秘性に触れていく。

《ハーモニーと対位法Ⅰ》しくみを知る・使いこなす

何を学ぶのか～目的

音楽そのものの成り立ち、構造を知り、自分でも創れるようになる。これは音楽にもう一歩深く関わるステップだ。ＭＩＴの学生にとって、これは自然なことかもしれない。

対象となるものの構造を分析・理解し、その技法を応用して新しいものを創り出すこと。これは音楽理論を学び、音楽を創るという行為に自然に結びつくように思える。

そう、学びの先には「創る」があるのだ。

その初めの一歩となる音楽理論は、音楽を主専攻・副専攻にする学生にとって必修科目である。音楽経験はないが興味はあるという学生も多く履修している。

そこで「音楽の基礎」という科目では、音楽の基礎の基礎から学ぶことができる。

今回はその次段階である、「ハーモニーと対位法Ⅰ」という授業にお伺いした。実はどちらも理論のみならず、理論と実践を統合し、さらに作曲の初めの一歩を踏み出す授業なのである。そのため、最終プロジェクトでは「弦楽四重奏曲の作曲」という、なかなか高度な課題が待っている！

担当講師は、MITで教えるのは1年目というネイサン・ラム先生だ。

使用教材は、ケヴィン・ホルム・ハドソン著『音楽理論』(Kevin Holm-Hudson "Music Theory Remixed: A Blended Approach for the Practicing Musician" Oxford University Press) である。

クラスはどのように進められるのか~12週目「さまざまな転調」より

■曲想に変化をつけるためのテクニックとは

音楽に起伏をもたせ、よりドラマティックに展開するために、音楽には形式がある。2部形式、3部形式、ロンド形式、ソナタ形式など、さまざまである。

「A-B-A'形式」(「西洋音楽史入門」や「オペラ」の授業で登場)とは、その中でももっともシンプルな2部形式である。

Aセクションの後に、対照的・対比的・曲想の異なるBセクションを設けることによって、一曲をよりドラマティックに展開することができる。

では、それはどのようにすれば実現できるのだろうか。たとえばフレーズの中でリズムやハーモニーに変化や起伏をつけたり、転調することで曲想を変えることができる。調性の曲では、調（12の長調・12の短調）が曲想を決定する重要な要因となっているが、それを変えることによってストーリーがより劇的になるのだ。

今回筆者が見学した授業では、さまざまな転調をテーマとし、学生に細かく質問しながら、ピアノでのデモンストレーション演奏も随時行われた。

用語・用法の解説にあたって、実際の楽曲を用いているのはどのクラスも同じである。

■ハーモニーでリズムに変化をつけたい〜ハーモニック・リズム

まずは1つのフレーズに起伏をもたせるために、ハーモニック・リズムが紹介された。以前授業で扱った短いブルースの曲を用いて、ハーモニーの進行を確認する。ハーモニーの変化そのものが、フレーズにリズム的な変化を与えていることが端的にわかる例題だ。

次にベートーヴェンのピアノソナタ第1番の冒頭8小節を例示し、「どこでハーモニーが変化しているか、まずは括弧で囲ってください」と先生。学生2名をあてて1段ずつ答えてもらい、だんだんハーモニック・リズムが小刻みになっていくのを確認した（2小節→2小節→1小節→1小節→半小節→半小節……）。

次にスコットランド民謡「蛍の光」を用いて、ハーモニック・リズムにはさまざまな段階があることを学ぶ。

①最小限の和音を使うパターン（1つの和音を何拍・何小節ほど持続できるか）
②1小節ずつ和音を変えるパターン
③もっと小刻みに和音を変えるパターン（1小節に2つ和音を入れてみる）

これらの課題をこなすことで、ハーモニック・リズムの原理やその実践方法がわかるようになる。

特に「蛍の光」の例題では、3つのパターンを試してみることによって、いかにハーモニック・リズムによって音楽全体の印象が変わるか、音楽をつまらなくするも、躍動感と響きの豊かさを創り出すも工夫次第であることが体感できる。

■一瞬音色を変化させたい～一時的な転調

さて、ではどのような転調の仕方があるのだろうか？

まずは一時的転調の例としてアメリカ国歌「星条旗」冒頭4小節を用いて、セカンダリー・ドミナントが解説された。

セカンダリー・ドミナントとは、主調とは別の調のドミナントで、ドミナント・モーション（属七の和音V_7〔ドミナントセブンス〕には主和音Ⅰに戻りたいという性質がある）の原理を用いた一時的転調に見られる。

この曲はハ長調だが、フレーズ後半で一時的にイ短調・ト長調に転調する。同じ調が続いて平板にならないよう、少しスパイスを効かせるのである。まず4小節分の和音度数を確認してから、臨時記号を探して転調している箇所を見つけ（2か所）、それがイ短調でのV_7↓Ⅰ、ト長調のV_7↓Ⅰとなっていることを分析した。

基本的な原理を学んだ後は実践編。ハ長調の三和音をそれぞれ主和音Ⅰと見立て、セカンダリー・ドミナントをその前に入れていくワークだ。また、簡単なハーモニーにセカンダリー・ドミナントを1つか2つ加えて変化をつけるワークも。

なおアメリカ国歌では主調のハ長調（調号なし）に対して、転調先のイ短調（調号なし）、ト長調（♯1つ）はともに近親調であることを、五度圏表にあてはめて確認した。

このようなプロセスでセカンダリー・ドミナントの原理と実践方法を体得していった。

■自然に音色を変化させたい～スムーズな転調

セカンダリー・ドミナントは一時的な転調だが、より長く持続する転調もある。

ではそれはスムーズな転調か、直接の転調か。

スムーズな転調とは、転調前後どちらの調にも属する和音を用いた転調である（経過的転調）。この解説にはショパン『24の前奏曲』op.28-20 ハ短調の冒頭4小節が用いられた。別名「葬送」とも呼ばれる深い嘆きを感じさせる曲である。1小節ごとに転調しており、まさにこの事例解説にはぴったりだ。

まず和音の判定から（レベル1：コードネーム、レベル2：ローマ数字による和音度数）。そして冒頭のハ短調がどこまで続いているか、どこから新しい調（変イ長調）が始まっているかを確認。ハ短調・変イ長調どちらの調にも属している和音があり、それを用いて転調しているのでスムーズな転調となる。

後続の小節もこのプロセスで分析していった。

■曲の区切りで、曲調を変化させたい～楽節単位の転調

さらに長い転調として、楽節単位またはセクション単位の転調がある。

モーツァルトのピアノソナタ第6番K.284 第3楽章を用いて、調を確認する作業が行われた。

フレーズの終止形（カデンツ）を見ること、またA-B-A′形式全体を見て、モーツァルトがどのようにAからBに入っているのか、どのようにA′に戻るのかなどをディスカッション。

この曲やショパンの前奏曲でもセカンダリー・ドミナントが使われているので、それにも随時触れながら分析が行われた。

■同じ音を使いながら、曲調を変化させたい～異名同音の転調

最後にシューベルトのピアノソナタ第21番D.９６０を例に挙げながら、異名同音による転調について解説。

この曲では重複する和音などを用いずに、異名同音（たとえば変イ＝嬰ト）を軸にして、いきなり関係のない遠隔調へ転調する。

こうした転調は19世紀になって顕著となり、ショパンなども多用した。意外性あるハーモニーの変化が理論的にも説明され、学生たちもよく理解していた。

どう学ぶのか～クラススケジュールと課題

アプローチとしては、実際の楽曲から理論を引き出して学ぶ。内容のブレークダウンが大変工夫されており、少しずつ無理なく理解できるようになっている。

1学期を4期に分けて、理論学習と作曲実践が同時に行われる。3期目後半になると、先生と学生が1対1で作曲プロジェクトの進行について話し合う機会もある。

スケジュールは以下の通り。

・1〜4週目（理論のおさらい）
音階、調号、音程、リズムと拍、三和音・四和音とその転回形、和音の度数、対位法、和声進行（ブルース、ポップスも含む）、オルガヌム、ポリフォニーの歴史など。
★テスト

・5〜8週目（パート・ライティング）
モティーフやフレーズの扱い、カデンツ、根音、三和音の第1転回形、7の和音。
★テスト

・9〜12週目（見直し・仕上げ）
三和音の第2転回形、七の和音、装飾音符、ゼクエンツ、トニック化、さまざまな転調、ディナーミクとアーティキュレーション、オーケストレーションなど。

・13〜14週目（最終プロジェクトに向けて）
形式、作曲のプロセスなど。

・15週目（実演）

最終プロジェクトとして作曲した弦楽四重奏曲を、プロの演奏家によって実演してもらう。

■どうアウトプットするのか〜課題

このクラスは、週2回の90分レクチャーに加え、60分の初見視唱、60分のピアノ・ラボが毎週1回ずつ行われる。

初見視唱に使われる教材は『5世紀にわたる混声合唱のための合唱音楽』。

ピアノ・ラボでは、キーボード・ハーモニー（和音・和声進行などをピアノで弾く）、クレ読み、スコア・リーディング、ピアノ演奏などが行われる。これにはピアニストが指導にあたっている。

なおレクチャーは1クラスに20名ほどで、先生が細かく質問しながら進めるので必ず発言の機会がある。

また、宿題として、音楽理論学習のためのオンラインプログラム「Artusi」の問題を解く。これは音楽学科のマイケル・スコット・カスバート先生（第4章参照）が開発したプログラムで、自動的に誤答を修正してくれる。授業で学んだ内容の定着には欠かせないツールのようだ。

そして最終プロジェクトは、弦楽四重奏曲の作曲である。きっと力作が仕上がったことだろう。

なお、先生ご自身のホームページ（http://nathanlam.com）に学生の作品（「音楽の基礎」クラスを履修した航空学専攻生による）が紹介されている。

成績評価

・初見視唱クラスの出席　100ポイント
・ピアノ・ラボクラスへの出席　100ポイント
・レクチャーへの出席　100ポイント
・宿題15回　300ポイント
・テスト3回　150ポイント
・最終プロジェクト（弦楽四重奏曲作曲）　250ポイント

しくみを知り、創造の原点に触れる～ネイサン・ラム先生
〈担当教授・講師インタビュー〉

ＭＩＴは科学や工学の専攻生が多く、音楽は副専攻や芸術必修科目として履修している学生が多い。この授業は、初心者が履修する「音楽の基礎」の次段階にあたるが、理論学習だけでなく、早くも実践的な作曲課題がある。そのため、実際に理論を使いこなせるよう、わかりやすくブレークダウンして教えられている。

ラム先生いわく、音楽理論と工学の思考法は似ているそうだ。

「たとえばある音楽を聴いたときに美しいと感じた場合、なぜそれが美しいのか。知らない曲や新しいハーモニーに出会ったとき、どのように理解するのか。音楽の成り立ちやしくみを理解すること、それが音楽理論です。工学では同じような思考法を使っています。

わからない状況に出会ったら、それをブレークダウンして考える。音楽でもそのようなクリティカル・シンキング（批判的思考）や問題解決のスキルを養うことを心がけています。ただエンジニアにとって橋がどのような構造であるかはわかっても、音楽は未知で神秘的なもののようですね」

確かに、音楽のメカニズムを理解することに熱心な学生が多い印象だ。クリエイターとしての生来の気質が発揮されているのだろう。

「**最終プロジェクトでは弦楽四重奏曲を創りますが、このようなクリエイティブな課題があるのはいい**ですね。

クラス約20名がそれぞれ2分程度の曲を創ります。私と学生の1対1での話し合いもありましたが、なかなかいい具合に作品が仕上がってきています（2019年11月現在）。作品は学生によってさまざまで、古典派の様式や舞曲形式で書く学生や、ポップス風の学生もいますね。

そして**最終週にはプロの演奏家に演奏していただきます。**

まず曲全体を通して演奏してもらい、演奏家からフィードバックをいただいた後、修正してもう一度演奏してもらいます（すべて録音）。実際の弦楽四重奏団が奏でる音は、コンピューターが自動的に再生してくれる音とは異なりますし、学生たちには、『なぜこのテンポ設定なのか』『なぜこのディナーミク（fやpなど）なのか』といった、**意図を明確に示す必要もあります。演奏家からのフィードバックは貴重ですね。**

このセッションではほかのクラスメートの作品も聴けますし、作品実演のための予算も組まれています。

12月半ばには数学や工学の期末試験があるので、その時期を避けてリラックスして取り組めるようにしています」

ところで、なぜ作曲課題は弦楽四重奏曲なのだろうか。

「このクラスではベーシックな対位法を学び、それを用いて作曲してもらうので、弦楽四重奏曲のほうが創りやすいですね。たとえばいいピアノ作品を書くには、ある程度のピアノの経験やピアノの語法を知る必要がありますから」

それにしても、音楽理論のクラスで作品を書くとは驚きである！

作曲に関しては一からのスタートだが、ＭＩＴ生はラーニング・プロセスを心得ていて学びが速いという印象をもった。ラム先生は他大学での指導経験もあるが、どのような違いを感じているのだろうか。

「音楽理論は数学に近いこともあり、音楽学校の学生よりもよく理解していると思うことがあります。ＭＩＴでは音楽科目を選んだ学生は、理論もきちんと学びたいと思っていますね。

他大学でも4〜5年ほど音楽理論を教えていましたが、専攻楽器の上達には熱心だけれども、音楽がどう成り立っているかの理解は二の次にされたり、義務だから履修しているという学生も多い。

音楽で生きていくと決めたならば、演奏家であっても、音楽のしくみについてきちんと理解するべきだと思います」

確かにしくみを知れば、対象そのものの理解も深まる。

これほどまでに音楽理論を探究しているラム先生は、いつ音楽理論に出会い、なぜ魅せられたのだろうか。「まあまあ好き（笑）」という数学との関連性についても伺った。

「私は香港とオーストラリアで育ち（大学ではクラリネット専攻）、インディアナ大学音楽学部で博士号を取得するために7〜8年ほど前にアメリカに来ました。アメリカは、カナダやヨーロッパの一部と並んで音楽理論の中心地ですから。作曲家が理論を教えることが多いですが、昨今では理論を教えるための理論専門家も増えています。

音楽のしくみを理解することによって、和音やハーモニーなどの概念を創出し、新しい音楽の聴き方や創り方を見出すことができるようになります。

また作曲のためだけでなく、ほかの人に音楽を伝えるためにも理論は大事です。バッハとモーツァルトの違いは何か。日本とアメリカのポップスの違いは何か。なぜ人々がある種の曲を楽しめるのか……など。

音楽理論の多くは抽象的なものです。数学も抽象的で、あるパターンを見つけ、そこからシンプルな体系や構造を導き出します。すべての音楽理論にあてはまるわけではありませんが、数学の考え方を応用することができます」

なお最終プロジェクトでは自作曲の楽譜を提出し、またその作品がどのように創られているのかを解説した文章も別途提出してもらうそうだ。

自分で創った曲を言葉でも解説することで、理論と実践が完全に結びつく。1学期という短い期間に、創造に必要な要素がすべて詰まっていることがわかる。

ところで、ラム先生は現在「音楽の左右対称性」を研究しているそうだ（2020年、これをテーマにしたピアノ曲・弦楽曲を含む自作品をCD録音予定）。これも音楽と数学の関連性を想起させる。

たとえば、モーツァルト作ともいわれる『2台のヴァイオリンによるテーブルカノン』のようなものだろうか。

「左右対称性は、数学ではパターンを認識するのに大事な概念です。これに似た概念を音楽で探し、作曲や楽曲分析においてどう生かすかを研究しています。たとえば五度圏や長調・短調も左右対称ですね。作曲家の中では、同じ音楽を最後から最初へ逆に書いて新しい曲にするとか、上下逆さにするとか、さまざまな試みがなされてきました。

確かに『テーブルカノン』もその一例で、モーツァルト作かはわかりませんがとてもクレバーですよね。本当に作曲しようとするとなかなか難しいですが、私なりにいい方法を見つけたので、来年このクラスで教えようと思っています。これは単なる珍しいものではなく、意味あることだと伝えたいですね」

先生のホームページにはご自身の作曲・演奏による音源も紹介されている。構造的な美の追求も伺える。

美しい音楽に秘められた、数学的なメカニズム。これもまた美なのかもしれない。

ちなみに理論物理学者アルバート・アインシュタインはヴァイオリンを弾き、モーツァルトを敬愛していた。また昨今のノーベル賞受賞者なども音楽がお好きな方が多い印象である。

やはり数学と音楽は密接な関係にある。

「古代ギリシアでは音楽理論は科学の一部でした。哲学者プラトンの著書では、音楽理論、数学、天文学は同じ章に書かれていました。かつて科学者は医療も建築も音楽も学んでいたのです。音楽と数学が切り離されている現状のほうが新しい傾向といえるでしょう。

ただ昔は調律方法や弦の長さと音程の関係性など基礎的な学びでしたが、今の音楽理論は音楽の創り方や脳の働きと組み合わされるなど、もっと高度な学びになっていますね」


音楽理論を掘り下げていくと、創造の原点にたどり着く。それは太古から受け継がれてきたものなのだ。

理論の奥深い世界を知り、それを踏まえて、自らも創造できる力をつける。**理論と実践を結びつけるこの授業は、まさに「創造する」ことを学ぶためにある。**

《調性音楽の作曲Ⅰ》
さまざまな文脈を読み解く・創る

何を学ぶのか～目的

作曲の第一歩となる「ハーモニーと対位法Ⅰ」では特にジャンルを問わず作曲ができるが、この「調性音楽の作曲Ⅰ」では古典派、ロマン派の作品を書くことが目的である。

作曲家でもある担当講師のチャールズ・シャドル先生いわく、

「芸術は科学と異なります。芸術には絶対的な正解や間違いはありません。またハーモニーや対位法が精確である作品が、必ずしも音楽的におもしろいとは限りません。時によっては、ハーモニーやメロディが偶発的・予測不能なものが最良の選択であることも。

何より大事なのは音楽の中身、つまり音楽が何をいいたいかです。1つ1つの音の選択が、音楽の内容を決めていくことを心にとめていただきたいです」

今回お伺いした授業ではシューマンのピアノ曲の分析が行われたが、**曲の文脈や意図をどう読み取るかというトレーニングは、自分の意図をどう反映・表現させるのかという創造行為へつながる。**偶発性や曖昧さを含む曲は、どんな要素で成り立ち、聴き手・創り手に何を訴えてくるのだろうか。

先生は時に熱く、時にユーモラスに、学生に質問をどんどん投げかけながら彼らの意見を引き出していく。

クラスはどのように進められるのか～『子供のためのアルバム』第21曲を分析する

この日はシューマン『子供のためのアルバム』第21曲より、18小節の小品をじっくり分析した。

この曲は2部形式であるが、古典派作品のような形式感が薄れ、より自由でより曖昧な感覚を投げかけてくる。これをどう分析するか？　シューマンが典型的な書法やパターンをどう崩しているか？

「理論を理解して使いこなし、実際に曲を創る」、そのプロセスとしてどのように楽曲分析をしているのだろうか。見てみよう。

1つ1つの要素分解

「なぜその音・その和音・その和声進行なのでしょうか？」

まず、和声の分析・判定、和音の度数を書いていく。そして、「なぜその音・その和音・その進行なのか」、変わった響き、注目すべき和声、思いがけない転調、意外なカデンツについて質疑・討論が行われた。意見が分かれる場面もあったが、先生が意見を拾いながら、さまざまな可能性をピアノで示し、最適解を導き出していく。実際には曲の進行に沿ってディスカッションが行われたが、ここではトピック別にまとめてみたい。

不協和音や複雑な響きはなぜ生まれる？

「冒頭から不協和音で始まります。おもしろいと思いませんか？」

1小節目1拍目は不協和音（七の和音の第1転回形）から始まる。冒頭からこの曲の行方を暗示しているようでもある。

また和音構成音以外の音（倚音や刺繍《ししゅう》音）が強拍に置かれることによって、和音がより複雑な響きになり、それゆえ、和音構成音の判定も難しくなる。そんな音が多いこの曲。

特に曲後半でA'セクションに戻った後（14小節目）のメロディは、和音構成音のまわりを和音外音が取り巻くように配置されているため、その判定が難しかったようだ。でもさすが、それに惑わされずに判断している学生も多かった。

「不協和音の使い方に着目してください。どんな効果を生み出しているでしょうか。どうやってそれら（この場合は和音外音のこと）を見極め、取り除けばいいでしょうか」という先生の問いかけに対して、「倚音」「刺繍音」を見極めて答える学生たち。それを除外すると、本来の和声が見えてくる。和声進行とはいうなれば骨格。一見複雑に聞こえるものでも、要素分解していくと、骨格に行き当たる。それがわかれば楽曲の成り立ちが見えてくるのだ。これは和声の理解には欠かせないステップである。

逆に、和音外音によって彩り豊かな不協和音を含む響きが創られており、それがロマン派らしさを際立たせている。それを知るのに、この曲はいい教材なのだ。

■どこで曲調が変わる？　予想を覆していく和声進行

「一体、どこから転調しているでしょうか？」

1つ1つの和音の判定ができると（和音がどの調の何度なのか）、和声進行が見えてくる。つまり曲の流れがどのようになっているのかが明確になっていく。曲は1つの調で創ることもできるが、変化をもたせるために途中で転調することが多い。その際、どこで、どのように転調しているのか、その後どこへ向かっていくのか、それを判断するのは大事である。典型的な書法として、ハ長調からト長調への転調はよくあるパターンであるが、この曲ではセカンダリー・ドミナントも含め、微妙に調が変化し続ける。その典型的パターンを確認しつつ、この曲においてはどのような和声の変化や転調がなされているのかを話し合っていった。

■意外性のあるカデンツ

「予想とは異なる和声進行があります。これは偽終止なのでしょうか？」

フレーズはどこで終止（カデンツ）しているのか、どのように次につながっているのか。AからBセクションへの移行についても、かなり議論がなされた。

特にAセクションの終止は特徴的で、ト長調のままではなく、D♯（レ♯）をもち込み、ホ長調に一時的に転調している。「これは偽終止でしょうか」と学生が問うと、「リズム的にはカデンツですが、どれだけそれらしく聞こえるでしょうか？ ト長調やその同主調であるホ短調でも成り立ちそうですが、ここはそうではなくホ長調ですね。ただD（レ）に♯をつけただけなのに、何かまったく別のことが起きていて、ここは魔法のようだと思いませんか？」とシューマンの意外性を明らかにしていく。

さらに、「ここでBセクションに行くように聞こえますか？　変な質問に思えるかもしれませんが、（A→Bセクションを区切っている）複縦線が聞こえますか？」と先生。

ここではカデンツが曖昧な上、カデンツのＥ（ミ）から導かれるようにＢセクションが始まるが、変ロ長調となっていて近親調ではない。このようにＡ（ホ長調）→Ｂ（変ロ長調）に飛躍がある場合はどう解釈したらいいかと、先生は問いかけ続ける。

シューマンが意図的か無意識か、セオリー通りに進行せず、心の揺れがそのまま表れるような曲想に、「予想の半分は覆された！」という学生も。

■半音階進行によるゆらぎの感覚

「半音階進行にすることで、より多くのゆらぎが生まれています」

「シューマンはＢセクション途中から突然半音階進行を取り入れている」という学生。確かに右も左も半音階的である上、和音外音によって、より複雑な響きが生まれている。

それに対して先生から新たな問いかけが――。

「Bセクション冒頭からバスの進行に注目してみよう。半音ずつ上行していますね」

より俯瞰的な視点から見ると、Bセクションのバスはすべて半音階進行であることが判明。別の学生からも「半音階進行が多く使われることによって、曖昧さにつながっている」と指摘があった。ゆらぎ、曖昧さという捉えどころのなさも解明することで、作品により肉薄できるのだ。

■全体を見通す～形式はシンプル、響きは複雑

「何でこんなに曖昧なのでしょうか？」

最後に全体を見通して、四和音（七の和音。属七、減七など数種類）はいくつあったかを確認する。これらが入ることによって、冒頭和音のように調が曖昧になったり、転調のきっかけになったりする。曲に豊かな変化をもたらすとともに、曖昧な印象を創り出す。

シンプルな2部形式ながら、これだけ捉えどころのない感覚を覚えるのは、過渡的に転調を繰り返したり、半音階進行を多用したりしているからである。

そうして全体を見直すことで、この作品の特徴を再認識することができる。

たった18小節にもかかわらず、驚くほど複雑で神秘的な響きを生み出すこの曲を通して、芸術表現の自由さや曖昧さ、それを成り立たせているしくみ・構造を学んでいるのだ。

これは科学や数学とは異なる点である。

どう学ぶのか～クラススケジュールと課題

このクラスでは、❶弦楽四重奏のためのメヌエットとトリオ（約6～7分）、❷ロマン派のピアノ小品、この2つが課題となる。その準備段階として、既存曲の分析をいくつか行う。簡単な楽曲を参照・模倣することから始め、複数の関連楽曲の比較考察から様式・形式の特徴を把握し、コンサートにも足を運び、その学びを生かしながら自作曲の草稿を書き、クラス内での意見交換や推敲、プロの演奏家による実演を通しての最終修正を経て、完成曲の披露までもっていく。

課題❶（1～4週目）：弦楽四重奏のためのメヌエットとトリオ（古典派）

・課題の狙い

ハイドン、モーツァルト、ベートーヴェンなどの弦楽四重奏曲を参考にしながら、古典派に典型的なメヌエットとトリオのような2部形式を学ぶ。締切は11月初旬。

・レクチャー

モーツァルトの弦楽四重奏曲第18番K.464 第2楽章、ベートーヴェンの弦楽四重奏曲第5番Op.18-5 第2楽章メヌエットとトリオ、交響曲第5番Op.67 第3楽章、ブラームスの弦楽四重奏曲第1番 Op.51－1 第3楽章などを通して、メヌエットとトリオ形式を学ぶ（ベートーヴェンの交響曲におけるメヌエットからスケルツォへの変遷や、ブラームスのスケルツォ風楽章も。スケルツォとは滑稽・諧謔《かいぎゃく》という意味）。

課題❷（5～11週目）：ピアノ小品1曲（ロマン派）

・課題の狙い

『子供のためのアルバム』Op.68を参考にしながら、ロマン派のピアノ小品を創る。締切は12月初旬。

・レクチャー

シューマン『子供のためのアルバム』Op.68

・グループ・プレゼンテーション

『子供のためのアルバム』より第21曲「無題・緩やかに表情をもって演奏する」、第30曲「無題・きわめて緩やかに」、第38曲「冬の時・その1」、第39曲「冬の時・その2」、第43曲「大晦日の歌」。

・ワークショップ：ピアノ小品

その他必修：初見視唱のクラス（60分×週1回）

モデルを習得し、自ら創造へ～チャールズ・シャドル先生〈担当教授・講師インタビュー〉

この「調性音楽の作曲Ⅰ」ではシャドル先生の指導のもと、学生同士がお互い自由闊達に意見を交わしながら、自分の作品をブラッシュアップしていく。その参考として調性音楽作品を分析するのだが、なぜメヌエットとトリオから始めるのだろうか。

「この次段階のクラスではソナタ形式の作品を書くので、このクラスでは2部形式の学びを通してソナタ形式に応用できるようにしています。

このクラスには2つの課題プロジェクトがあり、1つ目として規模の大きなメヌエットとトリオの課題（6～7分）を与えました。2つ目のピアノ小品課題は、あまり時間をかけなくても楽曲分析・作曲できるものにしました。学期末は専攻科目の試験や大きなプロジェクトを抱えていますからね。

学ぶプロセスですが、まず学期初日にモーツァルトの『8つのメヌエットとトリオ』（K.315g）を与え、次にこの中から指定した1曲を写譜や分析し、これにならって作曲してもらいました。

これはメヌエットとトリオ形式の書法や各声部の働きなどを理解し、モデルを習得するのが目的ですので、特別なイマジネーションや美しさは必要ありません。モーツァルトの中では偉大な作品ではないかもしれませんが、楽曲のメカニズムが効率的に学べるものです。学生が『私にもできる！』と思うことからこの授業が始まるのです。3回目には全履修生の作品を通して演奏します。

その後、ハイドン、モーツァルト、ベートーヴェンなどの弦楽四重奏曲のメヌエットとトリオを分析します。すでにある程度の理解がある場合には、ハイドンの弦楽四重奏曲から始めることもあります。

またベートーヴェンのスケルツォ（古典派においては通例メヌエット楽章を設けていたが、ベートーヴェンは交響曲第2番から代わりにスケルツォの楽章を置いた）や、ブラームスの弦楽四重奏曲第1番　第3楽章にも触れ、19世紀を通してどのようにメヌエットが変遷していったのかを学びます」

では、ピアノ作曲課題の参考として、なぜシューマンの小品を楽曲分析に用いたのだろうか。

「基礎的な理論を用いて分析でき、ピアノを弾かない学生でも理解できるものということで、シューマンの小品集『子供のためのアルバム』から選びました。リストのエチュードなどは、ピアノを弾かない学生にとってはハードルが高いですからね。ピアノに関する知識がそれほどなくてもピアノ曲が書けるように配慮しました。

トピックは毎年それほど変わりませんが、レパートリーは少々変える年もあり、3年前は学生の1人がシューマンの『謝肉祭』を弾いていたのでそれを取り上げました。こうしたロマン派のピアノ作品を学ぶことによって、調性音楽の境界線がどのように押し広げられていったかがわかるでしょう」

参考作品を学んだ上で、どのように作品をシェイプアップさせていくのだろうか。最後の演奏は何と公開！　どんな作品に仕上がるのか、どんな様子で臨んでいるのか、興味が湧く。

「**チュートリアル（45分）**で皆と一緒にワークします。各自が書いた弦楽四重奏曲を私がピアノで弾き、『あまり心地よくないと思うパッセージはありますか』といった質問をしながら、対位法やハーモニーに関する問題を解決していきます。

また**学生同士がお互いの譜面を見たり演奏を聴いたりして、『どこが美しいと感じるか』**

『どの音やハーモニーが違うと思うか』などディテールについて意見交換をしますが、できるだけいいところを探し、生かすようにしています。間違いを直すというより、創造することを尊重します。

リーディング（90分）の回には、地元の弦楽四重奏楽団を呼び、事前に送っておいたスコアで1回通して演奏してもらいます。テンポが適切かなど、何かあれば学生に質問をしてもらい、それを踏まえてもう一度演奏していただきます。学生1人あたり10～15分程度。すべて録音し、後で参考にできるようにしています。18世紀の書法を使って説得力ある作品を書いた学生もいましたし、19世紀後半の書法に興味をもつ学生が増えた印象もあります（主な使用ソフトウェアは、フィナーレ、シベリウス、ミューズスコアなど）。

最終プロジェクトは公開します。プロジェクト完成のお祝いを兼ねて、友人や家族を招くこともあります。皆とともに作品を練り上げてきたので、皆、堂々と作品を披露していますよ！」

このプロジェクトの完成には、作曲に初めて挑んだこと、自分でアイディアを生み出したこと、皆と意見を交わし、改善や修正をしながら1つの作品を仕上げたこと、自分の創造したものに誇

© MIT

りをもてたことなど、さまざまな思いが詰まっているだろう。
今回のクラス取材ではその中途を拝見したが、楽曲の構造・しくみを理解しようとする熱心な意欲が感じられた。それは作曲するという大きな目標への重要なステップなのである。そんな学生たちをシャドル先生はどのように見ているのだろうか。

「彼らはすでに理論クラスでも学んでいるので、アドバンスレベルの学生といえるでしょう。作曲に必要な基礎知識は身につけています。それに、**そもそもエンジニア生来の資質として、分析をするのに長けていると思います。それは彼らが『創造者』であるということ。作曲家ではなくても作曲のプロセスを楽しんでいますね。２つの資質がうまく統合されていると感じています。**

音楽的に高度なクラスですが、入学前はほとんど音楽の経験がない学生も多い。でもそれはＭＩＴではよくあることです。４歳から音楽を習っているクラスメートに囲まれても、自分は音楽を勉強してみたい！　と思うのは素晴らしいこと。
すでに20年近くになりますが、そんな彼らを教えることに喜びを感じています」

コラム

音楽の初心者、経験者は何を学ぶ？「調性音楽の作曲」履修生に聞く

基礎クラスから音楽科目を履修してきた学生たちは、どんな学びをしているのだろうか。

物理学と哲学専攻の4年生は、

「入学前はまったく音楽経験がなく、楽譜の読み方も知らなかったので、『音楽の基礎』クラスから始めました。モーツァルトとベートーヴェンのどちらがいいかという議論があっても、最初はどの曲が誰のものかわかりませんでした……。和音を聴き取ることも難しかったですね。その和音がどのように鳴り響くのかがわからなければ、長調か短調かの判定も十分にできませんから、何度も何度も聴いて覚えました」

というが、楽曲分析では的確な発言も多かった。

幼少期にピアノなど楽器を習っていた学生も多く、彼らにとって音楽科目選択は自然な流れのようだ。

とはいえ、母親がピアノをすすめてもゲームのほうが好きだったり、楽器は習っていたが理論はあまり理解していなかったりという学生などもいて、バックグラウンドは実にさまざまだ。

機械工学と音楽を専攻するケイティさん（4年生）は、

「幼少期からピアノを習っていましたが、もっぱら映画音楽やゲーム音楽を弾くのが趣味で、音楽理論は本格的に学んだことがなかったので、1年次からさまざまな音楽科目を履修しました。ここで初めて〈ベートーヴェンとブラームスの違い〉について皆が語るのを聞いたわけです。当初は必修要件を満たすことを考えていましたが、実際学んでみるとおもしろくて、どんどんクラスを取り続けて、気がついたらダブルメジャーになっていました（笑）。

このクラスは音楽理論の学びがかなり進んだ状態で、ここまでに多くのクラスを履修しました。音楽史系科目では『ミュージカル』もおもしろかったですね。

『ワールドミュージック入門』ではガムランを演奏しましたが、西洋音楽しか学んだことのない人間にとって、これはまったく未知の体験でした。実際に楽器を見て弾いてみて、西洋音楽とどれだけ違うかを目の当たりにしました」

という。

一方、音楽と他科目を同じくらい学んできて、進路決定にも迷うほどだったという学生もいる。

宇宙工学と音楽を専攻するエランさん（3年生）は、

「大学では工学を学ぶか、音楽を学ぶかで進路を迷っていました。MITには高度なレベルで工学を学ぶことができ、同時に音楽も学ぶ環境があるので、最終的にここを選びました。作曲や音楽理論のクラスだけでなく、音楽学や民俗音楽学なども学びました。セネガル・ドラム・アンサンブル（Rambax）にも何学期か在籍していたんです。西洋音楽の視点でこのアンサンブルを捉えると、とても共通点があるようには見えませんが、書法が対位法に似ています。リズムやドラムの種類は違いますが。西洋音楽と並行してセネガル・ドラムのクラスを取ったことで、違う視点を得ることができました」

という。

同じく理数系か音楽系の大学進学かで迷ったという、数学と音楽専攻のザックさん（4年生）は、中学校時代からテューバを習い、MIT入学後は音楽テクノロジーや電子音楽などを履修してきたそうだ。また中世音楽などの音楽史科目も興味深く、

「エンジニアの大学でこれほど本格的な人文学を学ぶとは予想していませんでした」

という。

また数学専攻のジュリオさん（3年生）は、

「幼少期はピアノを習っていて、入学前から音楽のクラスを取りたいと思っていました。音楽がどのようなしくみなのかを知りたかったので。『ハーモニーと対位法Ⅰ』から始め、『調性音楽の作曲Ⅰ・Ⅱ』と継続して作曲を学んでいます」

と、理論と作曲を学び続けている。

またシャドル先生から素晴らしいホルン奏者！　といわれた4年生のジェレミーさん（電子工学と音楽専攻）は、オーケストラでその才能を発揮している。

では、将来のキャリア展望&音楽とはどのように付き合っていくのだろうか。人生のゴールは何か、音楽とは今後どのように向き合っていきたいのだろうか？　これに関しては、ほとんどの学生が直近の将来像として「音楽は趣味として楽しみ、数学や科学で仕事をする」と答えた。とはいえ、今後思いがけない展開も生まれるかもしれない。

先述のケイティさんは、

「音楽では、クリエイティブな発信や表現ができたり、クリエイティブな仲間・コミュニティと高度なレベルで音楽の話ができたりするのがとても楽しいです。

将来は作曲を仕事にするわけではありませんが、音楽は私に新たな一面を加えてくれたと思います。単なるメカニカルデザイナーではなく、サウンドデザイナーになれる可能性がありますから」

という。

また、応用科学専攻のハンスさん（4年生）は、先輩を1つの理想像としているようだ。

「以前MITで数学を専攻し、音楽も学んでいた年上の友人がいるのですが、彼は台湾へ戻って教授となりました。自由時間にはアカペラグループや演劇グループで活動したり、一緒に時間を過ごしたりしているようです。自分にも同じようなことが起こるかもしれませんが、今は数学に集中しています」

《20世紀音楽の作曲》
新しい世界観に挑む

何を学ぶのか～目的

あまり馴染みがない人も多いと思われる20世紀の音楽。その作曲技法を学ぶのが「20世紀音楽の作曲」である。

「ハーモニーと対位法Ⅰ・Ⅱ」、「調性音楽の作曲（Ⅰ：メヌエットとトリオ、Ⅱ：ソナタ形式）」を経て、このクラスでは無調や12音技法などを用いて作曲を行う。

担当講師は作曲家でもあるチャールズ・シャドル先生、受講生は10名ほど（&聴講生2名）。

参考教材はリチャード・タラスキン著『20世紀初頭の音楽』（Richard Taruskin "Music in the Early Twentieth Century"）。

クラスはどのように進められるのか

20世紀音楽から特徴的な技法を読み解き、それを自らの創造につなげる。学生たちはすでに基礎的な理論を学んでいるとあって、高度な楽曲分析と作曲が行われる。これまで学んできたアプローチの応用的内容である。

どう学ぶのか~クラススケジュールと課題

課題❶：ソロのフルート作品（1週目～）。

最初の課題は、単一メロディの作品（約2分）を書くこと。

そのために、ソロのフルート作品（ドビュッシー「シランクス」、パウル・ヒンデミット『無伴奏のフルートのための8つの小品』、アルテュール・オネゲル「牝山羊の踊り」）を分析しながら学ぶ。

古代ギリシア神話のニンフをモティーフにしたドビュッシー「シランクス」に関するクラス・ディスカッション、ドビュッシーに関する教材をテーマにしたグループ・プレゼンテーションなども。学生自身のフルート作品は、2週目からスケッチが始まり、4週目には草稿に関するチュートリアルが行われ、6週目にはプロの演奏家による実演が行われる。

課題❷：12音技法を用いたピアノ小品（5週目〜）。

第2の課題は、12音技法を用いたピアノ小品（約2分）を書くこと。

シェーンベルクの『6つの小さなピアノ曲』Op.19-1を用いて、無調とセリエル音楽（音価・強弱・音色などすべての要素を音列化した音楽）について学ぶ。

さらにウェーベルン、ルイージ・ダラピッコラ、エルンスト・クルシェネクの作品にも触れる。9週目のチュートリアルでは各自のピアノ作品に関してディスカッションを行い、最後の推敲を経て、10週目にはプロの演奏家による実演が行われる。

課題❸：3つの楽器によるアンサンブル（10週目〜）。

第3の課題は、以前扱った作品を基に3つの楽器によるアンサンブル作品（約3〜4分）を書くこと。

使用楽器はフルート、ヴィオラ、ピアノを指定（❶❷の課題にヴィオラを追加）。管楽器、弦楽器、ピアノ各1台を用いたアンサンブルでバランスを考えること、異なる楽器がどのように違う役割を果たすのかを追究するのが目標である。

この準備段階として、ジョン・ハービソンのヴィオラソナタを学ぶ（作曲家本人、ヴィオラ奏者、ピアノ奏者を迎え、授業内に演奏披露)。

またバルトーク、オリヴィエ・メシアンに関する教材リーディング、ベッツィ・ジョラス『Quatre pièces en marge』のコンサート鑑賞(ボストン交響楽団)、デュティユー『レ・シタシオンズ』のコンサート鑑賞(ボストン室内楽協会)も組まれている。

さらにバルトーク『コントラスツ』、ウェーベルンの四重奏曲Op.22、ドビュッシーのフルート、ヴィオラ、ハープのためのソナタ、メシアン『世の終わりのための四重奏曲』、ベッツィ・ジョラス作品、武満徹『11月の霧と菊の彼方から』に関する各45分のプレゼンテーションが行われる。

15週目にはプロの演奏家による実演がある。

なお、ジョン・ハービソン作品とデュティユー作品はボストン室内楽協会主催演奏会で演奏され、学生はコンサート鑑賞が義務づけられている。いずれもMIT音楽学科教授・ボストン室内楽協会芸術監督でヴィオラ奏者のマークス・トンプソン先生の提案による(後述)。

音楽分析・創造を通して、現代の多様性を知る～チャールズ・シャドル先生

〈担当教授・講師インタビュー〉

毎年10～12名が学んでいるという「20世紀音楽の作曲」。現代音楽を聴いて学ぶだけでなく、作曲を目的とした授業に集まる学生は、真剣度も高い。シャドル先生が前任者より引き継ぎ、数年前から教えているそうだ。まず、今学期の課題❶❷を聴いてのご感想は？

「学生たちは皆真剣に取り組んでいて、素晴らしい作品もありました。私と1対1でのミーティングも行い、改善や修正を経て、よりよい作品になったと思います。もちろん学生によって音楽経験や能力の違いはありますが、**重要なのは、音楽がどのようにでき上がっているのかを深く理解すること。**皆、作品を書く楽しさを経験できたと思います。

でき上がった作品は学生によってさまざまで、12音技法による小品を2曲書いた学生もいます。彼は優れたチェロ奏者ですが、このクラスで12音技法に興味をもち、ピアノ作品の書法も学びました。

すべての作品を実演・録音し、プロの演奏家（フルートはエマーソン奨学金プログラムの指導教員、ヴィオラは博士研究員、ピアノは音楽学科専任の伴奏ピアニスト）**とも対話できますので**、『ここが弾きにくい』などの意見が出れば修正することもできます。おもしろいことに、譜面上ではそれほど魅力的に見えなくとも、実際に演奏すると、思っていたより素晴らしい音楽だと気づくこともあります」

学生たちも作品の実演をとても楽しんでいたそうだ。同時に、とある反応も。

「実演を聴いて驚いていた学生もいましたね。学生たちは普段からコンピューター上で音楽に接することが多く、また作曲した作品をコンピューター内蔵の電子音で再現していたので、『実際のフルートはこんな音がするのか』『もう少し息つぎができたほうがいい』といった気づきがあったようです。だから録音が重要なのです。

また私自身も作曲家として感じるのは、初めて実演されたものを聴くとき、なるべく多くを聴き取ろうとして、何に注意して聴けばいいのかわからなくなってしまうことがある。録音を聴けば、聴くたびにさまざまな面が見えてきますから。それも重要な点ですね」

課題❸の準備として、デュティユー『レ・シタシオンズ』のコンサート鑑賞とプレゼンテーションがある。これはどのように進められたのだろうか。

「クラスで『レ・シタシオンズ』（フランス語で「引用」の意味）の楽譜を見ながら、まず私が参考として第1楽章の分析を行いました。第1楽章で引用されているブリテンのオペラ『ピーター・グライムズ』の抜粋も聴き、両者のスコアを比較しながら、デュティユーが何をしたのか、楽曲の形式、楽器の役割などについて話し合いました。

第1楽章に関しては、たとえば『ピーター・グライムズ』ではオーケストラが和音を奏しますが、デュティユーではハープシコードが分散和音を奏でます。またメロディの調も変えています。

Aセクション、引用箇所、移行部、Bセクション……と曲の構造を捉えた上で、オーボエで奏される冒頭ミから半音階的に下がるモティーフの動きが全体に見られること、ブリテンの調性音楽の特性をもつ音をデュティユーがいかに扱っているのか、という点に着目してディスカッションしました。

学生からは楽器の使い方に関する意見や質問のほか、ハープシコードが実演より録音のほうが音が大きく聞こえたり、1楽章最後のコントラバスが録音では聞こえなかったが実演では聞こえたりしたことなどから、録音と実演では聞こえ方が異なることを実体験したようです。

また楽器同士がいかに影響し合っているか、演奏者同士がお互いをどう聴き合っているかなども、ステージから見えてきますね」（＊PLAYLISTには引用曲↓デュティユーの順に掲載。第1楽章は冒頭から、第2楽章はオーボエのソの音から引用が始まる）

楽譜上での分析から得る気づきと、コンサート聴取体験から得る気づき――そうして複眼的に楽曲を理解していく。

耳だけで聴く、目だけ、そして目と耳で聴くという複合的な体験は、「西洋音楽史入門」にも共通している。ではその気づきをどう発表するのか、プレゼンテーションにおいて大事なことも伺った。

「楽曲分析にあたっては私からいくつかの指標を与えることもありますが、学生自身で創造的に考え、その曲のもっとも興味深い点や説得力ある点は何かを見出し、また作曲家として参考になる点について話してほしいと思っています。

たとえば『レ・シタシオンズ』という題名が示す通り、ほかの作品から引用するというアイディアは、最終プロジェクトの作曲においても参考になると思います。

またこのような複雑な曲を扱う場合、**どのようにその曲にアプローチしたのかを語ること****が重要**です。〈この曲がどのように成り立っているのかすべてを理解したわけではないので、完全な答えではないが、私はこのような理論を使ってこの曲を分析してみました〉というように。分析はとても大事ですし、学期すべてを使えばより詳細に学べるでしょうが、これは作曲クラスで時間が限られていますので。

分析対象曲については、学期前半で学生自身にどんな音楽経験や興味があるのかを知り、後半で彼らに見合った曲を与えるようにしています。たとえば武満の作品分析には、優れたギター奏者でもあるフランス出身のセバスチャン（コンピューターサイエンスと音楽のダブルメジャー）を指名しました。この曲はギター作品ではありませんが、武満はギター作品を多く書いていますから、興味をもってくれるだろうと思いました」

実際のプレゼンでは、『レ・シタシオンズ』の「間奏曲」～第2楽章「ジャヌカンからジャン・アランへ」の分析が行われたが、楽曲形式の解説から始まり、和声やリズムの動きがどう発展し、楽器間でどんな相互作用が起きているのか、どの楽器が組み合わさって響きが生まれているのか、ほかの作曲家との比較（ジョン・ケージの曲と類似しているという指摘）などに加え、コンサートで得た気づきもシェアされた。

楽曲分析を通して音楽の意図をより深く理解するほど、自分の作曲に生かすことができる。ご自身が作曲家であるシャドル先生は、「音楽への理解と共感を深めるには、自分で書いてみるのが一番」という。

「音楽には、作曲家の意図があります。適当に創られているわけではありません。**音楽を創るにあたり、作曲家の意識的な判断が随所になされていることを、学生にも知ってもらいたい。そして自分が書く際、楽曲分析が助けになることを知ってほしい。**たとえば今一つ作品がうまく書けない、次に何を続ければいいのか思い浮かばないときに、楽曲分析を通して、立ち戻り考え直すことができます」

数多く聴き、その書法を理解し、創造してみる。複雑、難解といわれることの多い20世紀の音楽に向き合い、自ら創ることで見えてくるものは何だろうか。

「このクラスでは20世紀音楽をたくさん聴き、いかに多くの音楽が書かれたのか、いかに多様な音楽が生み出されていたのかを学んでもらいます。膨大な20世紀音楽の、何がどう好きなのかをわかること、そして**我々の時代における音楽の多様性を知ること**、それが大事ですね。

実は先々週、ボストン交響楽団のコンサート（要鑑賞）でベッツィ・ジョラスの作品を聴いたのですが、その後に内田光子さんがラヴェルのピアノ協奏曲を弾きました。非常に美しい演奏で、その後に拍手に応えてアンコールが弾かれました。それはシェーンベルクの『6つの小さなピアノ曲』の1曲だったのですが、実はその2週間前に授業で取り上げた作品でした。学生たちは『あ、この音楽わかる！』と喜んでいましたね」

最後はいざ、課題❸の取り組みへ。課題❶❷からどのように発展させていくのだろうか。なかなか個性的な力作が出揃った最終回の実演、そして成績評価についても伺った。

「課題❸では、課題❶❷で書いた曲の一部を用いて、3種の楽器によるアンサンブル作品に仕上げてもらいます。

曲全体を使う必要はなく、その曲をオーケストレーションしたり、アレンジを加えたり、あるいはモティーフの一部を基に新たに曲を書くのもありです。リーディングセッションではプロの演奏家が来て、楽譜を試奏してくれます。

その後、その作品を書いた学生と話し合いが行われ、作曲の意図通りに演奏されているか、またはテンポなどについて意見を交わした後、再度演奏してもらいます。

最初の通し演奏、作品に関するディスカッション、作曲家からのフィードバック、再度の通し演奏まで、このプロセスはすべて録音されます。

アメリカの大学音楽学科において、このように作曲した作品が実演される機会というのはなかなかありません。私自身も学部時代には作品が実演されることはめったにないことでしたから。

最終回の完成作品発表では、修正しきれなかった細かい部分に気を取られるよりも、彼らが成し遂げた成果を楽しんで見守りたいと思います。**ここまでのプロセスにおいては、できる限り問題があれば向き合いますが、最後はもう楽しむだけですね！**

成績評価については、作品を書いて発表するプロセスそのものが評価の対象になります。

ＭＩＴでは音楽経験の豊富な学生と少ない学生が交じり合っていますので、課題を与える際には、その課題で何をすべきなのか、どのような意味があるのかを説明します。

そして成績評価は、どれだけ成長が見られたかを判断基準にしています。

その学生にどれだけ才能があるのか、というのは学部科目の評価としてはフェアではないと思いますので。**どれだけ学び、それを統合し、ある形式をもって表現できたか、それがもっとも重要だと思います**」

コラム

すべての曲はかつて現代曲だった
～MIT音楽学科教授・ボストン室内楽協会芸術監督　マークス・トンプソン先生

18世紀のベートーヴェンも、19世紀のショパンも、20世紀のストラヴィンスキーも、当時の聴衆には真新しい音楽として受けとめられた。繰り返し演奏されるうちに耳が慣れ、時代も変わり、いつしかクラシックとなるのである。では、現代の音楽はどのように演奏・聴取されているのだろうか。

MITやハーバード大学のあるボストンは、学術や科学技術分野において先進的な町であるが、実は音楽に関しても現代性を取り入れている。

ここを拠点とするボストン交響楽団では、現代曲を古典派やロマン派作品などとうまく組み合わせて演奏している。また室内楽をメインとするボストン室内楽協会のコンサートでも、現代曲が多く並ぶ。この室内楽協会の芸術監督を務めるのは、ヴィオラ奏者でMITで室内楽を教えるマークス・トンプソン先生だ。

2019年11月に開催されたコンサートでは、「20世紀音楽の作曲」クラスでも扱われたアンリ・デュティユー『レ・シタシオンズ』が演奏された。なぜこの曲を選曲したのだろうか。また現代曲を積極的に演奏する理由や、聴衆に受け入れられるようにどんな工夫をしているかについて伺った。

「すべての音楽はかつて現代曲でした。それに曲を創るという伝統はとまることがありません。まったく現代曲を演奏しないというのは、過去の曲のみを演奏する博物館のようになるということです。

芸術監督としての仕事の一部はプログラムを決めることですが、今回選んだ『レ・シタシオンズ』は、我々室内楽協会のメンバー構成に関係しています（ヴァイオリン2名、ヴィオラ2名、チェロ1名、ピアノ1名、オーボエ1名）。

ヴァイオリンやチェロなどのための室内楽曲はたくさんありますが、オーボエのための曲がなかなか見つからなかった。そこで皆にオーボエ曲のリストアップをしてもらい検討するうちに見つけたのですが、楽器編成も珍しくおもしろい曲なのでぜひ取り上げたいと提案しました。

あとはどの曲と組み合わせるか。

『レ・シタシオンズ』には優れたコントラバス奏者が必要で、ボストン交響楽団の奏者が来てくれることになったのですが、演奏旅行のない11月ならば可能である、であれば祝日（復員軍人の日）に合わせるのがいいと。そこでシューベルトのヴァイオリンとピアノのためのファンタジーD.934と、エルガーのピアノ五重奏曲Op.84を合わせました。どちらも戦争・戦没者の慰霊に関係があります。

このようにボストン室内楽協会では、メモリアルデーや著名人の誕生日に関連づけたりすることで、**他曲との関連性やコンサート全体の文脈を読み取りやすくしています。**標題音楽も身近に感じやすいですね。

11月のコンサートで演奏した『レ・シタシオンズ』（フランス語で「引用」の意味）は、題名が示す通り、人々が認識できる曲を引用しています。デュティユーは『ジャヌカンからジャン・アランへ』という第2楽章で、40年前のジャン・アラン（20世紀前半）を引用し、そのジャン・アランは４００年前のクレマン・ジャヌカン（16世紀）を引用しています。つまり長い時を経た二重の引用がなされています。いわば言葉遊びなのですね」

曲と曲の間に、時代と時代の間に、つながりを見つけていく。何かパズルのピースをつなげていくようなおもしろさが感じられないだろうか。

ところで現代曲とは20世紀の音楽だけではなく、今まさに生まれる作品もある。同協会には現代曲委嘱クラブがあり、実際にコンサートで演奏された委嘱作品もある。

「これまでに6曲を委嘱しました。3曲委嘱し、毎年1曲ずつ実演するというのが1つのサイクルです。２０２０年はジョアン・タワーのヴィオラ五重奏曲を演奏します。この委嘱後、彼女はミュージック・オブ・アメリカ主宰の『ミュージシャン・オブ・ザ・イヤー』に選ばれました。ほかの委嘱作品には、我々室内楽協会メンバーの楽器がすべて入っていますので、ある意味、メンバーたちを披露する作品ともいえますね」

ＭＩＴ教授陣も次々と新曲を生み出している。

「ＭＩＴ音楽学科教授でもある、ジョン・ハービソン先生が書いた『ヴィオラとピアノのためのソナタ』を先日のコンサートで演奏しました。８組のヴィオラ奏者&ピアニストに向けて書かれたものです。

ジョン先生が２０１８年末に80歳の誕生日を迎えたのを記念して、１年間かけてこの曲を初演することになり、我々は10月に演奏しました。私はヴィオラを担当しましたよ」

自分や身近な人のために創った曲を、友人たちが演奏する。古典であろうと現代曲であろうと、それが音楽の原点かもしれない。また思いがけない言葉遊びがあったり、過去作品の引用があったり、いろいろな仕掛けを解読するのも楽しい。

そう考えると、現代曲がぐっと身近に感じられてくるかもしれない。

第3章 PLAYLIST

〈ハーモニーと対位法Ⅰ〉

ルートヴィヒ・ヴァン・ベートーヴェン　ピアノソナタ第1番Op.2-1

アメリカ国歌　「星条旗」

フリデリック・ショパン　『24の前奏曲』Op.28-20 ハ短調

ウォルフガング・アマデウス・モーツァルト　ピアノソナタ第6番K.284 第3楽章

フランツ・シューベルト　ピアノソナタ第21番D.960 第1楽章

〈調性音楽の作曲Ⅰ〉

ロベルト・シューマン　ピアノ曲集『子供のためのアルバム』Op.68より第21曲「無題・緩やかに表情をもって演奏する」

ウォルフガング・アマデウス・モーツァルト　弦楽四重奏曲第18番K.464 第2楽章

ヨハネス・ブラームス　弦楽四重奏曲第1番Op.51-1 第3楽章

〈20世紀音楽の作曲〉

クロード・ドビュッシー　無伴奏フルート曲「シランクス」

アルテュール・オネゲル　無伴奏フルート曲「牝山羊の踊り」

アルノルト・シェーンベルク　『6つの小さなピアノ曲』Op.19-1

ジョン・ハービソン　ヴィオラソナタ 第1楽章

バルトーク・ベーラ	ヴァイオリン、クラリネット、ピアノのための『コントラスツ』第1楽章
クロード・ドビュッシー	フルート、ヴィオラ、ハープのためのソナタ 第1楽章
武満徹	『11月の霧と菊の彼方から』（ヴァイオリン、ピアノ）
ベンジャミン・ブリテン	オペラ『ピーター・グライムズ』Op.33よりアリア「大熊座とスバル星は」
アンリ・デュティユー	オーボエ、ハープシーコード、コントラバス、打楽器のための『レ・シタシオンズ』第1楽章「オールドバラ85のために」
ジャン・アラン	『クレマン・ジャヌカンの主題による変奏曲』
アンリ・デュティユー	『レ・シタシオンズ』第2楽章「ジャヌカンからジャン・アランへ」

第4章

新しい関わり方を探究する

第4章概要

新しい関わり方を探究する

すでにあるもの同士を組み合わせ、まったく新しいものや体験を生み出す――それも創造である。

米経済学者ブライアン・アーサーは「すべての新しいテクノロジーは、既存のテクノロジーの組み合わせから生まれる」と述べている（ケヴィン・ケリー著、服部桂訳『〈インターネット〉の次に来るもの――未来を決める12の法則』／NHK出版／p256）。音楽とテクノロジーの組み合わせは半世紀前から追究されてきたことであるが、新たなテクノロジーが次々開発されている今、開拓の余地はまだまだあるようだ。

作曲家が電子機器を用いた音楽を創るだけでなく、聴き手と新たな関係性を築いたり、聴き手が創造や演奏のプロセスに参加したり、身体と楽器を一体化させたりすること。つまりインタラクティブ性のさらなる追求である。

そうした音楽の体験知を増幅させるのがテクノロジーなのだ。

ＭＩＴにおいて音楽とテクノロジーの歴史は１９６０年代に遡る。音楽学科教授が実験音楽スタジオを設立し、リアルタイム・デジタル合成、グラフィック・スコア編集などのテクノロジーが開発された。

2000年に「コンピューターで作曲する」、2002年に「電子音楽作曲」が新設されたのを皮切りに次第に科目数が増え、近年は「音楽テクノロジー」が音楽学科の一領域となっている。

現在では、「音楽テクノロジー入門」「ミュージック・コンピューティング」「電子音楽作曲」「コンピューターを用いたパフォーマンス」「インタラクティブ・ミュージック・システム」「ミュージック・プロセシング入門」——以上の6科目が開講されている。いずれも人気が高く、定員オーバーが続出しているようである。

この章では「インタラクティブ・ミュージック・システム」「ラップトップ・アンサンブル」を、主に担当教授のインタビューを基にご紹介する。

音楽との新しい関わり方を探る、実践的かつ探究型の授業である。

《インタラクティブ・ミュージック・システム》

新たな楽しみ方を開拓する

今回は2016年に設置された「インタラクティブ・ミュージック・システム」の担当講師、エラン・エゴツィ先生の授業見学とインタビューをさせていただいた。

プログラミングとデザインを学ぶ実践型授業で、音声合成、HCI（ヒューマン・コンピューター・インタラクション）、ビジュアル・プレゼンテーションの技術習得・向上を目指す。主なトピックとしては、マルチトラックのオーディオミキシング、MIDIプログラミング、ゲーム・コントローラーやモーションセンサー（キネクト、リープモーションなど）、リアルタイム・グラフィックスなどの技術や原理を学ぶ。

この日は6組のグループが、おのおの制作中のプロジェクトを披露した。マイクで正確な音程を歌うことで壁を倒してキャラクターを動かすリズムゲームや、イギリスやドイツ国歌のメロディが鳴るように、手を画面の前で動かしながら操作するゲームなど、間接的にコンピューターを操作するインタラクティブな音楽ゲームが多い。

また自分の専門分野の知見を取り入れたグループもあり、音楽とビジュアルに合わせて、画面の前で指の腹同士をつけたり、手を左右にスライドさせたりする、音楽療法的なゲームなども。

発表後はクラスメートから質問、意見、アイディアなどが多く飛び交い、また先生からも冷静な分析と完成までのプロセスについてなどのフィードバックがあった。

音楽ゲームの場合、音楽のどんな要素を生かして、視聴者にどう楽しんでもらうのか、手や指、声、身体をどう動かしてもらうのか、ゲームとしてどうおもしろさを出していくのか、テクノロジーをいかにうまく組み合わせてインタラクティブ性を生かすのか——すべてアイディア次第である。音楽ゲーム制作という楽しい学びの中で、実践的に技術を習得しながら、発想力を鍛えるのもこの授業の要素の1つだろう。

エゴツィ先生ご自身はMIT卒業生で、「ギター・ヒーロー」や「ロックバンド」などの音楽ゲームを開発したハーモニクス・ミュージック・システムズ社（Harmonix Music Systems）の創設者の1人である。

聴衆にどんな音楽体験をしてもらいたいか〜エラン・エゴツィ先生
〈担当教授・講師インタビュー〉

音楽プログラムやゲームを制作するにあたり、どのような動機で発案するのか、またアイディアをどう発展させて形にしていくのか。ご自身がクリエイターであるエゴツィ先生は、学生たちをどのように導いているのだろうか、これまでの授業を振り返っていただいた。

「今回の授業では、最終プロジェクトに向けての中間発表としてプレゼンテーションを行いました。

そのために、3週間前に1度ブレイン・ストーミングを行いました。

音楽に関するインタラクティブなものには何があるのか、チームを組んで参考となるアイディアを探し、それについて各自1分ほど発表してもらった後、そのアイディアを踏まえて、私が新たにグループを組み、今回の中間プレゼンに取り組んでもらいました。学生は各自アイディアをもっているので、よりよいものがあればお互いに参考にできますし、それを踏まえて応用することもできます。ゲーム、アート、映画、その他インタラクティブなものは何でも、自分の制作する作品の参考資料やインスピレーションとなります。その上で提案書を書いてもらいます。

たとえば声を使うゲームだとしたら、あるグループは声を競い合うゲーム、あるグループは声を使って敵を倒すという内容にしてもいいわけです。

コリジョン・ディテクション（衝突の検知・判定）など、まだ学ぶべき技術はありますが、キャラクターも決定し、一通り最後まで作品を発表することができましたので、完成が楽しみです。

ＭＩＴの学生は大変忙しく、しかもグループワークなのでお互いに時間調整しなくてはならない中で、ここまでよく仕上げたと思います」


学期末の最終プレゼンでは（ＭＩＴ公式ホームページにて動画公開中）、このプロジェクトの目的やゴール、習得した技術や経験、作品のデモンストレーション、次にどう生かすか、という流れに沿って発表が行われたようだ。１つの作品を完成させるというのは、知識や技術はもちろんのこと、お互いにアイディアを出し合い、練り上げるという貴重な経験である。さらに目的やゴールをどこに設定するかによって、新たな技術習得につながることもあるだろう。

技術や知識を携えた上で、誰に向けて作品を創るのか、誰にどう楽しんでほしいのか、実社会においてはそれがもっとも大事かもしれない。

この点において、エゴツィ先生が開発したアプリケーション「コンサート・キュー(Concert Cue)」「トゥッティ(Tutti)」「★12★(Twelve)」は興味深い。どのような動機や意図があったのだろうか。

「音楽と聴衆のインタラクションを促したい、というのが動機です。

これは私が創設したハーモニクス・ミュージック・システムズ社のミッション・ステートメントにも書かれていますが、**音楽創造の楽しみを世界中すべての人々に体験してほしい、**ということです。

MITに来てからは、より深く音楽を理解していただくためのツールができないか、と考えるようになりました。たとえば携帯電話を使って音楽との関係を近づけたり。携帯はつねに我々のポケットに入っているもので、非常にパワフルな機器です。

そこでこれを用いて、人々の生活をより音楽的に豊かなものにしたいと考えたわけです。

この考えを基に、いくつか開発・試作などをしました」

『★12★(Twelve)』というプログラムは、室内楽演奏において聴衆の参加を促すものです。

私自身がクラリネット奏者でもありますので、これは我々のグループ(Radius Ensemble)のために開発したものです。

ある作曲家が、我々室内楽メンバーと12名の聴衆（の携帯電話）のために曲を書いてくれました。12名を聴衆の中から選び、カスタム・ソフトウェアのコントローラーを彼らの携帯にインストールし、それで一緒に演奏してもらいます」

「また『コンサート・キュー』は、現在取り組んでいる最新プロジェクトで、すでにボストン交響楽団でも使われています。

演奏会でプログラムノートを携帯画面に映し出すと、それが演奏の進行に伴ってリアルタイムで自動的にスクロールされていきます。つまり演奏と携帯画面をシンクロさせ、文字・画像・譜例などを見せながら、今音楽で何が起きているのかを解説します。たとえばドビュッシーの管弦楽のための3つの交響的素描『海』は何から影響を受けたのか、といった歴史的背景の解説、オーケストラメンバーや楽器の情報など、詳細な内容です。

プログラムノートの執筆はボストン交響楽団スタッフですが、システムは私が創りました。自動的にスクロールされますので聴衆はただ画面を見ていただければいいのですが、ステージ裏ではスタッフが音楽を聴きながら、強拍ごとにボタンを押してシンクロするようにしています」

音楽を聴くだけでなく、聴衆に演奏プロセスに参加してもらったり、聴こえてきた音楽の背景情報を同時に取り入れたり、いずれも一瞬一瞬の音楽体験知を最大化するものだ。

「コンサート・キュー」は完全自動化も考えているのだろうか。今後の展開についても伺った。

「今まさに自動化に向けて取り組んでいます。

マイクで音楽を聴き取り、自動的に画面をスクロールさせていくのですが、容易ではありませんし、完全に実現できるかわかりませんが、それが次のステップです。ただやはり、ずれたりとまったりする可能性もあるかもしれませんので、つねにウォッチする人が必要だとは思います。

ボストン交響楽団では2年前から採用され（初回は2017年7月の演奏会にて、ハイドンの交響曲第83番）、年に4回コンサートで使われています。カジュアル・フライデーの日（月に1度、金曜日）に、ホール後方の座席エリアで利用できます。

今は試験段階といえますが、これから増えていくでしょう。

MITシンフォニーオーケストラや我々の室内楽団、また2019年末からマイアミのニュー・ワールド・シンフォニーでも使われることになりました。普通はコンサートに行くと携帯の電源を切るように指示されますが、これはむしろ『携帯を使ってください』という新しい発想なのです」

『ルーシー』演奏中、リアルタイムで映し出されるConcert Cue画面（"ConcertCue_Lucy_Youtube" 画像）

※エレナ・ルーエ作曲『ルーシー』（"Lucy" by Elena Ruehr）×レイディアス室内楽団演奏会において利用された、コンサート・キュー画面がYouTubeで試聴可能。ルーシーとは３００万年以上前の猿人。この曲では、水を求めて歩くルーシーが、鳥や動物に出会ったり、ライオンに遭遇して緊張が高まったりと、日の出から星空の下で眠りにつくまでの１日が描かれている。どしどし歩く様子がピアノの低音や変拍子で表現されていることなど、詳しい楽曲情報がリアルタイムで示される。

《ラップトップ・アンサンブル》

パソコンを楽器に

音楽テクノロジーをパフォーマンスにいかした「ラップトップ・アンサンブル」は最新の科目である。

ラップトップ・コンピューター自体が楽器になるということの発想は、２００５年にプリンストン大学で結成されたラップトップ・オーケストラ（PLOrk）が元祖だという。

秋学期の授業では、ジェスチャー・コントローラー、ライブコーディング、インタラクティブス・ミュージック・システム、実験音楽、即興音楽、テレマティックス・パフォーマンス（情報を送受信しながら演奏を行う）、マルチメディア・パフォーマンスなど、20～21世紀におけるさまざまな音楽実践を学ぶ。２０１９年11月、12月にはその成果を披露するコンサートが行われた。

講師のイアン・ハットウィック先生はアーティスト・研究者・テクノロジー開発者である。

身体と楽器の新しい関係性を築く〜イアン・ハットウィック先生
〈担当教授・講師インタビュー〉

創設されて間もないこの「ラップトップ・アンサンブル」は、アーティストであり、テクノロジー開発者でもあるハットウィック先生の二面性を生かした授業である。

2019年11月、ラップトップ・コンサートが初開催された。これからに向けて手ごたえを感じたという、そのコンサートの様子を語っていただいた。

「このコンサートで演奏した作品の1つは、『モーク・ツリー（MORK TREE）』といいます。これはプリンストン・ラップトップ・オーケストラ（PLOrk）が行った作品『プローク・ツリー（PLOrk TREE）』をアレンジしたものです。

まず指揮者がチャットボックスからメッセージを送信し、演奏上の指示を出します。普通の指揮者と同じく『ここで大きくして』『ここでゆっくりして……休止して……次に新しい章が始まる』といったものですが、ジェスチャーではなくテキストで伝えるのが特徴です。スコアはパフォーマンスに関する大まかな指示を表示しています。それに従ってアンサンブルメンバー同士で情報を送り合います。

たとえばメンバーの1人にどんな役割なのかという情報を送信すると、それが相手のコンピューター画面に映し出され、その指示に従って何らかの演奏行為を変化させ、今度はそこから別のメンバーに情報を送信します。メンバーからメンバーへ順に情報を受け渡していくわけですね。皆それぞれコンピューターとスピーカーをもっているので、音をローカライズさせていきます。

学期末プレゼンテーションでは、『レインフォレスト』でさらにインタラクティブ性を追求するという。

「『レインフォレスト』を作曲したディヴィッド・チューダーは作曲家・ピアニストでもあり、ジョン・ケージの作品『4分33秒』の初演や、初期の実験音楽にも深く関わっていました。

『レインフォレスト』では、まず共鳴する物体とスピーカーを空間に設置します。物体を選び、その物体を共鳴させて発生した音をマイクなどで集積し、スピーカーに送ります。（大人数ができる参加型作品で）その物体を選ぶことが協働作業のプロセスになります。

題名の由来は、舞踊家マース・カニングハムが同名の舞踊集団を主宰しており、彼がチューダーにこの作品を委嘱したからです。音に身をゆだねることで空間全体を感受することができますから、まさにこの題名がふさわしいですね。この作品は5つのバージョンがあり、5つ目はニューヨーク近代美術館（MoMA）において、常設インスタレーションとなっています。

今回MITラップトップ・アンサンブルでは、メンバー同士で情報を送受信し、双方向的なフィードバック・ネットワークを展開したいと思います。ネットワーク版『レインフォレスト』ですね」

音声変換器を備えた共鳴体から生まれる音をラップトップが集積し（音声のモニタリングおよびフィードバックを行う）、一方でインスタレーション鑑賞者がフラッシュライトをラップトップにあてて、音環境を絶えず変化させる。そこに生まれるさまざまな階層の音を楽しむというしくみのようだ。

これは演奏者だけではなく、聴き手が演奏のプロセスに参加する、つまり聴き手とラップトップのインタラクティブ性も追求したものである。

ところで演奏する楽器がラップトップではあるが、履修生たちは楽器経験があるのだろうか。また、他楽器とのコラボレーションや作曲の可能性は？

「楽器経験がある学生も、まったくない学生もいます。

このクラスにおいては楽器との新しい関係性を築くこと、すなわちコンピューターといかに豊かなインタラクションを築くかを考えていきます。伝統的な楽器との関係性とは異なります。音楽経験豊かな学生にもこのチャレンジに向き合うことで、身体知識を新たに開拓してほしいと思っています。

また、他楽器とのコラボレーションもありえます。ピアニストやヴァイオリン奏者が加わったり、合唱団とコラボして、声を新しい楽器のように用いるという発想もおもしろいですね。可能性は無限です。

今後は作曲の可能性も探っていきたいですね。実は学期前半にソフトウェアを与え、2グループに分かれておのおの作曲したものをミニコンサートで披露してもらいましたが、成功でした！　Max/MSP（音楽とビジュアルのためのプログラミング言語）を主なソフトウェアとして使用しています。ただこのクラスではプログラミング言語を教えるのではなく、演奏するための楽器として扱い、自分で曲を創ったり、修正を加えて利用しています。

来学期は楽器デザインコースを開設する予定です。電子音楽家として、自分の楽器を製作し、自分なりの演奏実践を打ち出していくことは重要な要素だと考えています」

楽器と身体の関係性の再発見、それに伴う楽器製作など、ハットウィック先生のアーティスト兼テクノロジー技術者としての能力が生かされている。それらすべてに共通する考え方とは？

「私の研究テーマは、主にインタラクションやコラボレーションに関することです。たとえばダンサーのために製作した楽器があります。その楽器（コントローラー）を腰に巻いて、あるいは手にもって踊ると、コンピューターに情報が送られ、コンピューターが音を出すという、インタラクティブな楽器です。これは振付家と協働して製作したもので、いくつか原型となるものを試作してリハーサルで試用し、フィードバックをいただきながら仕上げました。楽しい経験でしたね。

自作の楽器を持つハットウィック先生

電子音楽家だけでなく、アコースティック・ミュージシャンのための作曲も手がけており、パーカッション・カルテット作品では楽器（鐘や金属板など）も製作しました。1人がそれを叩き、別の人がそれを叩き返す――ここでもコラボレーションやインタラクションの要素を入れています。アンサンブルは音楽を通じた社会体験ということが体感できますね」

音楽とテクノロジーとの関係性もまさにインタラクティブだ。

「私が担当している『音楽テクノロジー入門』クラスでは、テクノロジーや科学知識の習得と同時に、音楽が隣接分野と関連していることを知り、アートに対して耳を開くことを目指しています。『音楽テクノロジー』の授業では思考を求められますが、『ラップトップ・アンサンブル』ではコンピューターとの物理的・身体的交流、またその環境の中での他者との交流を増やしていきたいです。

そして音楽テクノロジーはより音楽的に、音楽には新しいテクノロジーへの理解を深めてもらうこと。それが今考えていることです」

© MIT

身体と楽器の関係性、共演者同士の関係性、演奏者と聴衆の関係性など、すべての関係性にインタラクティブ性を取り入れていく。テクノロジーが開く新しい音楽体験は、新しい社会体験でもある。だからこそ自由に、かつそれがもたらす価値について考えることが求められる。

実は『レインフォレスト』リハーサル中に学生から「演奏に聴衆を参加させていくのはどうか」というアイディアが出た。それについてハットウィック先生はこう考えている。

「演奏者と聴衆の境界線をなくしていくこと自体は、私自身も好きな考え方です。ただ、もし聴衆に作品の一部になってもらうならば、何らかの創造的な体験をもたらしたり、意味ある新しいことをしたりしなければならないと思います。インタラクティブ・テクノロジーはすでに普通になっています。ですから我々アーティストの役割は、聴衆にとって意味あることとは何か、彼らが考えたことのなかった問いかけとは何か、それを深く考えることですね」

※履修前提条件は特になし。初となる今学期は6名。工学専攻の大学院生（学部時代に音楽副専攻）、MITメディアラボ所属の研究者、ハーバード大学博士課程在籍中の学生なども。

コラム

ビッグデータで音楽研究が精密化&高速化!
~MIT音楽学科准教授　マイケル・スコット・カスバート先生

希少性から汎用性へ――。

現在芸術・文化分野において、歴史的文書・記録映像・写真・絵画・自筆譜など、パブリックドメインとなった1次資料のオンライン・アーカイブ化が進んでいる。

たとえば国際楽譜ライブラリープロジェクト(IMSLP)では、1万9000名以上の作曲家による50万以上の楽譜が検索・無料閲覧できる。その中には自筆譜も含まれており、研究者や演奏家、愛好者にとっても貴重な資料である。

作曲家が家族や友人知人、出版社などと交わした書簡もオンライン・アーカイブ化されている。たとえばショパンの書簡テキストデータ(フリデリック・ショパン・インスティテュート)や、ベートーヴェンの書簡は音声読み上げまである(ベートーヴェン・ハウス・ボン・デジタルアーカイブ)。

鍵盤楽器コレクションのアーカイブが充実しているボストン美術館では、17世紀初頭のヴァージナルから始まり、主に17~19世紀のクラヴィコード、スピネット、ハープシコード/チェンバロ、フォルテピアノ、スクエアピアノ、ピアニーノ、リードオルガン／ハーモニウム、初期のグランドピアノなど、それぞれの画像・サイズ・歴代所有者などが紹介されている。これだけでも音楽史がリアルに蘇るようだ。

また美術分野では、アメリカのメトロポリタン美術館やシカゴ美術館をはじめ、フランスでもパリ市内の複数の美術館が所蔵作品およそ10万点の画像を公開し、誰でもダウンロード利用・修正・再頒布可能となっている（CC0表記のもの）。「そこにしかない」希少性が価値となっていた世界観から、「誰でも利用できる」という汎用性が価値となる世界観へ、180度転換したのである。

さらに、記録映像やラジオ音声などを多数オンライン・アーカイブ化しているフランス国立視聴覚研究所（INA）もある。今まで存在すら気づかれなかった歴史的資料・文献・作品などもオンライン検索できる時代になったのだ。まさに圧倒されるほどの情報量であり、いわばビッグデータである。この結果、各分野における調査研究の精密化や効率化も進んでいる。

また今後、新しい視点からの研究や定説を覆す新発見なども増えていくだろう。

MIT音楽学科准教授マイケル・スコット・カスバート先生は、中世音楽研究者かつプログラマーであり、その2領域を生かしてビッグデータ構築、およびその自動分析ツールを開発している。その1つが数年かけて開発した「music21」というソフトウェアだ。

これによって、どのような研究が可能になるのだろうか。

『music21』は楽譜を自動分析してくれるオープンソフトウェアです。たとえばワーグナーの曲を分析すると、興味深い和声進行を使っていることがわかります。

ではほかのワーグナー作品ではこの和声進行がどれだけ使われているのか？

通常このような問いに答えるには多くの時間と労力を要します。

でもこのツールを使うと、エンコードされた全楽譜の中からワーグナーの楽譜を検索した後、この和声進行をスキャンするだけで、条件に合致する作品を検索してくれます。エンコードされたすべての作品、すべての音符に対して自動的に分析をしてくれるので、手作業で行えば何か月も何年もかかるような問いに、数時間ほどで答えてくれるわけです。

たとえば『バッハのどの曲がもっともシンコペーションが多いか』『バッハのモテットやコラール曲でピカルディ終止で終わらない曲はどれか』といった問いにも答えてくれます（ピカルディ終止とは短調の曲が、長調の主和音で終止すること。ＰＬＡＹＬＩＳＴにはピカルディ終止で終わる曲を掲載）。

また１９５０年代のポップミュージックでは『Ⅰ→Ⅳ→Ⅴ→Ⅰ』というコード進行がよく使われていますが、１９８０年代以降はそれが変化していく、ということもわかります。

さらに作曲家名を変更すれば、同じ分析方法を別の作曲家に適用することもできます。

たとえば『バッハが用いた平行5度』を『モンテヴェルディ』に変えるだけで、同じ分析ができます。もちろん意味をなさない場合もありますが（たとえばシェーンベルクの12音技法の分析結果をブラームスにあてはめてしまう、など）。『music21』の強みは、作曲家を識別できる点です。ですから、作者不明の作品でも分析すれば、有名無名にかかわらず、作曲家を特定できる可能性もあります。コンピューターで識別できる楽譜（PDFでは識別不可能）を増やしていきたいと思います」

「また音符だけでなく、歌詞の内容分析もできます。

エルヴィス・プレスリーの“Can't Help Falling in Love”（『好きにならずにいられない』）を例に挙げましょう。この曲では“Falling”で音が上行し、“Love”で音が下行します。このようなことが多く起こっています。

では果たして、『幸せ』の類の言葉では音が上がり、『悲しい』の類の言葉では音が下がるのでしょうか。

もう一例、イングランド民謡『グリーンスリーヴス』では、“Love”は喜びであり肯定的、“Wrong”は否定的な言葉ですが、前者は後者よりも相対的に音が高い。これは特に驚きのない結果ですね。

『music21』には2000曲以上の英語曲が登録されていて、すべての単語に『悲しい』『否定的』『期待』といった付加情報があります。コンピューターに質問を投げかければ、約10分で200曲の中から答えを探し出してくれます。

ほかにも、拍の強さ（喜びはほぼ強拍だが、怖れや悲しみは弱拍であることが多い）、音の長さ（恐れや嫌悪感は音が短くなる傾向。喜びは協和音ではないことも多く、不協和音を使った表現も多い）、調性（喜びに関する言葉は、短調の曲にも多く見られる。また怒りや否定的な感情を表現した曲では、単なる短調ではなく、調自体がゆらぐ傾向にある）などのリサーチもできます。音楽の文脈も調べることができるのです。

この研究は中国人学生のソフィアさんと共同で行いました。英語の曲のみを対象としていますが、他言語でも同様の研究をしたいと思っています。実はドイツ語の曲で試したことがありましたが、100曲しか集められなかったので（笑）、いずれ取り組みたいです」

まるで、民謡採集や研究をしたバルトークの現代版のよう！　ではこの分析ツール開発のきっかけは何だろうか。

「私は中世音楽（主に14世紀）の研究者なのですが、中世の楽譜は保存状態が悪く、中には切り取られ、散逸している楽譜もあります。当時楽譜に使われていた羊の皮は高価なものだったので、本の表紙に使われたり、壁や椅子などに張られたり、別の用途に再利用されることがありました。

そこで、切り取られた楽譜が本来何の曲であったのかを調べることにしたのです。

この楽譜の存在については、ハーバード大学時代の恩師で中世音楽研究家のトーマス・ケリー教授が教えてくれました。当時20歳前後だった私は大変興味をもち、学んでいたコンピューターの知識を使ってこの問題を解決するプログラムを制作することにしました。

『14世紀のポリフォニー音楽』（全24巻）に収録されている約2500曲をすべてエンコードし、music21で自動的にフレーズを分類しました（18万8000）。そしてその紙片に書かれている出処不明な曲の断片が、どの曲のどのフレーズに合致するかを1つ1つ検索にかけました。たとえば『17%の一致』であれば数値が低いので、同じ楽譜ではないと判断されます。そうして2日間かけて3億回以上の自動検索をかけました。

たとえばソプラノパートのみの手稿譜と、ソプラノの一部とテノール、バスパートが揃っている手稿譜があった場合、それらがコンピューターの検索によって『一致している』となれば、すべてが揃って完全な一曲が復元されるのです。

おもしろい事例がありました。

歌詞も冒頭のフレーズも違う手稿譜を、『同じ曲』とコンピューターが判断したことがあります。また別の曲ですが、ある人は『フランス風に聞こえる』、またある人は『イタリアの音楽のようだ』といいましたが、これもコンピューターは『同じ曲』と判断しました。

多少の違いはあっても、コンピューターは同じ曲を見分けることができるのです。これがあれば、より速く聴くことができます。想像以上に大変で4～5年かかりましたが、無事システム完成に至りました」（14世紀の参考曲：ギョーム・ド・マショーの4声のシャンソン「私のすべての喜びの源であるお方よ」＊第2章既出）

ユニークな問いから始まった音楽研究が、コンピューターの知識を生かすことで、巨大なシステムを生み出すに至ったわけである。そしてそれは今まで人間が感知しえなかった情報を引き出したり、埋もれていた真実を発見することにつながっている。

なおカスバート先生は、「デジタル・ヒューマニティーズ」という新しい領域を立ち上げている。今年3年目を迎え、35名の学生が在籍しているそうだ（メロン財団が支援）。

「コンピュータープログラミングを学んでいる学生に、それをどう人文学に応用すればいいかを教えています。MITでは音楽とコンピューターを組み合わせた学びは盛んですし、人文学の学びにコンピューターを用いる試みも以前からありますが、文学や歴史学を専攻している学生を対象にしているのではない点が他大学とは異なりますね。

テクニカル・ディレクターを務めているリオネルは、プログラマーでもあり、プロのリュート演奏家でもあります。またここで教えているサンディ・アレクサンダー女史は文学部准教授で、専門はトニ・モリスンをはじめとするアフリカ系アメリカ文学です。現在彼女の指導のもと、学生はトニ・モリスンの文学を読みながら、読者がどこでどんな質問をするのか、どこを見て答えるのか、答えを導き出すためにどう学んでいるのか、というデータを収集しています。

来年は日本語指導に関するプロジェクトを行う計画があり、専門家にお越しいただく予定です」

※これまでのプロジェクト例
・アフリカにおける民主化のシミュレーションやゲームを制作し、研究や政策決定の参考にしてもらうことを目指す（政治科学学科教授エヴァン・リーバーマン先生主導。同教授による授業「民主主義と発展～アフリカの視点から」が、オープン・オンラインコースのプラットフォームedXにて開講中）
・19～20世紀初頭の英米文学において、ジェンダーの描写やジェンダーの役割意識がどのように表現され、また変化してきたのかを網羅的に調べる。代名詞の男女差（男性66・8%、女性33・2%）、主語・目的語として用いられる代名詞の男女差、男性・女性に対して使われる形容詞上位20位（男性：Old, Good,Last, Great, First……女性：Beautiful, Pretty, Sweet, Lady, Lovely……）、文法の分析などが行われた（プロジェクト参加者は23名の学生と、指導のカスバート先生ほか4名。分析対象は4217冊で3・26億語におよぶ）。

コラム

アーカイブを読み解く力〜何を問い、追究するのか？

〜MIT音楽学科教授　マーティン・マークス先生

オンライン・アーカイブの整備・充実化により、今後芸術分野でもさまざまな研究が進むだろう。膨大な音声・画像・映像情報が整備され、目の前に差し出されるとき、我々に問われるのは「何を問うか」という力だ。膨大な物事や情報を知っているという量的なフェーズから、それをどう生かすのか、という質的なフェーズに移ったことを意味する。

MIT音楽学科教授陣の1人、マーティン・マークス先生（第2章参照）は映画音楽研究の専門家であり、全米公共放送アーカイブ（American Archive of Public Broadcasting）の音楽キュレーターも務める。子どもの頃、『サウンド・オブ・ミュージック』に憧れ、小津安二郎や溝口健二、ジブリなどの日本映画もお好きというマークス先生に、サイレント映画研究を始めたきっかけや、その研究の展開を伺った。

「1970年代半ば、ハーバード大学での論文テーマとしてサイレント映画を選びました。当時音楽学の中で映画音楽を研究している人はいませんでしたが、アドバイザーだったトッディ・クラス先生が『音楽とナラティブ（物語）』として、映画をはじめさまざまな音楽と物語のインタラクションについて取り上げていました。映画『カサブランカ』や、1930年代のドキュメンタリー、アーロン・コープランドやジョルジュ・オーリックが音楽を担当した映画などもありました。

『外に出て自分の好きな作品を見つけてきなさい』という先生の助言に従い、図書館や資料館に通うようになりました。当初は映画『エデンの東』について書くつもりでしたので、ハリウッドへ行き、音楽担当レナード・ローゼンマン氏や多くの映画作曲家にインタビューもしました。さらにニューヨーク近代美術館（MoMA）でのコングレス、ロンドン、パリ、ドイツにも行き、あらゆる本を読みました。

すると、いずれもサイレント映画用楽譜の膨大なコレクションを所蔵していましたが、それを体系的に研究している人がいないことに気づきました。そこでこの論文を機に、本格的に研究を始めたわけです。

拙著『音楽とサイレント映画』（オックスフォード出版社・1997年）では、サン＝サーンスが1908年に作曲した『ギーズ公の暗殺』をはじめ、1895年から1924年までの映画のケーススタディをまとめました。今執筆中の『サイレント映画のその後の人生』では、サイレント映画期終了後に何が起きたのか、音楽家たちがサイレント映画のスコア制作や伴奏をどう続けてきたか、などを書いています。

アートが自発的に生き続けている例ですね」

「私自身も、サイレント映画上演時のピアノ伴奏を多く経験してきました。ストーリーに沿ってさまざまな様式の曲を組み合わせて弾くのですが、それがとても好評で、後に全米公共放送アーカイブに声をかけていただきました。1990年頃にそのライブラリー・コングレス部門が国立映画保存財団に依頼し、さまざまなアーカイブや図書館から映画を集めてDVD『アメリカ映画アーカイブの至宝（Treasures from American Film Archives)』にまとめることになり、私はその音楽キュレーターに任命されました。

第1巻セットはサウンド映画が少々、あとはほぼサイレント映画・映像です。自分自身のスコアとほかにも何名かご協力をいただいて、短編映画や西部劇、ドキュメンタリー映像、1916年のディズニー映画『白雪姫』などにも音楽をつけました。

さらに規模が拡大した第2巻セットを経て、第3巻セットでは『刷新された都市』『新しい女性』など社会テーマごとに作品分類・編集されています。1900年から1934年までの映画が収録されていますが、興味深いことに、労働、第二次世界大戦、女性の権利、都市問題、市民権、民族、アイデンティティなど、今も議論の的となっている社会問題がすでにその中にあるのです」

幼少期に興味をもった映画やミュージカル、大学時代に魅了されたサイレント映画の世界。どれも幅広く作品に目を通し、徹底的に資料研究し、現場に足を運び、演奏を通して音楽を体感する。アーカイブ、つまり過去の創作物・実演・研究記録などをすべてまとめる集大成的な仕事は、このような探究心に裏打ちされているのである。

マークス先生は現在MITで、「西洋音楽史入門」「20世紀の音楽」のほか、「映画音楽」の授業も担当している。嬉々としてその様子を語ってくださった。

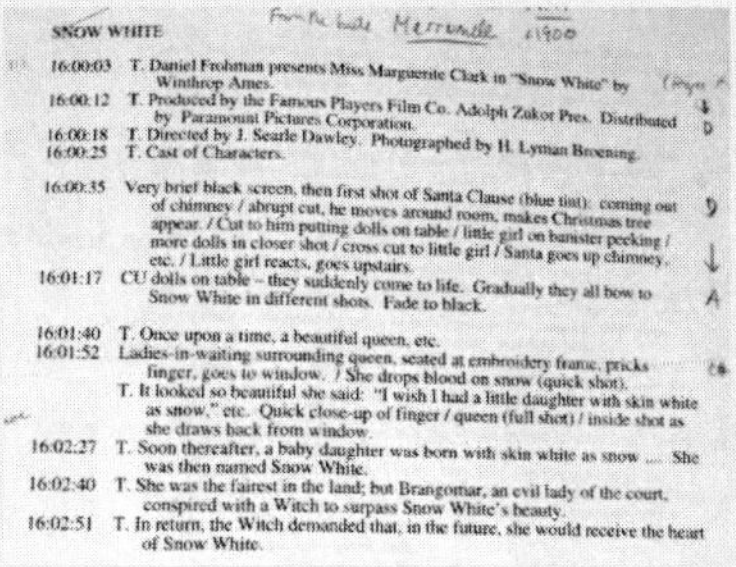
SNOW WHITE

16:00:03 T. Daniel Frohman presents Miss Marguerite Clark in "Snow White" by Winthrop Ames.
16:00:12 T. Produced by the Famous Players Film Co. Adolph Zukor Pres. Distributed by Paramount Pictures Corporation.
16:00:18 T. Directed by J. Searle Dawley. Photographed by H. Lyman Broening.
16:00:25 T. Cast of Characters.

16:00:35 Very brief black screen, then first shot of Santa Clause (blue tint): coming out of chimney / abrupt cut, he moves around room, makes Christmas tree appear. / Cut to him putting dolls on table / little girl on banister peeking / more dolls in closer shot / cross cut to little girl / Santa goes up chimney, etc. / Little girl reacts, goes upstairs.
16:01:17 CU dolls on table -- they suddenly come to life. Gradually they all bow to Snow White in different shots. Fade to black.

16:01:40 T. Once upon a time, a beautiful queen, etc.
16:01:52 Ladies-in-waiting surrounding queen, seated at embroidery frame, pricks finger, goes to window. / She drops blood on snow (quick shot).
T. It looked so beautiful she said: "I wish I had a little daughter with skin white as snow," etc. Quick close-up of finger / queen (full shot) / inside shot as she draws back from window.
16:02:27 T. Soon thereafter, a baby daughter was born with skin white as snow .... She was then named Snow White.
16:02:40 T. She was the fairest in the land; but Brangomar, an evil lady of the court, conspired with a Witch to surpass Snow White's beauty.
16:02:51 T. In return, the Witch demanded that, in the future, she would receive the heart of Snow White.

マークス先生ご自身のサイレント映画用スコアも。こちらは『Snow White（白雪姫）』の脚本とスコア。

「MITでは1985年から映画音楽を教えています。1980年代初頭といえば『スター・ウォーズ』、それから30年以上経った今ではテクノロジーも進化し、音楽も変わりましたね。

この授業では、ディズニーの短編映画『シリー・シンフォニー』『バンビ』、ピクサー映画『カールじいさんの空飛ぶ家』『ウオーリー』、ジブリ映画『もののけ姫』のケーススタディを行っています。どれもM

「日本の曲を弾きましょう！」と笑顔でピアノの前に。

IT学生に大変人気がありますよ。パスワード入力が必要な特設サイトで鑑賞してもらいます。
ボストン市内にある映画館では、月に1〜2回ジブリ映画フェスティバルを行っていますので、先週学生たちを連れて『もののけ姫』を見てきました。
エッセイ課題は、『バンビ』『カールじいさんの空飛ぶ家』『ウォーリー』から2作品を選び、考察してもらいました。最終課題では8つの選択肢から選び、2作品を比較考察してもらいます」

「西洋音楽史入門」クラスで、「過去の作曲家に手紙を書く」という課題を考えた先生らしい、真剣ながらどこか遊び心を感じる授業だ。

1970年代当時、まだ研究者がいなかった「サイレント映画」の分野に飛び込み、あらゆる本や資料を読み、幾多の映画・映像を見て、自らもサイレント映画上演時に生演奏し、それを機に全米公共放送アーカイブによる映画作品保存プロジェクトの音楽編集に関わるようになったマークス先生。

その情熱の源は子どもの頃から変わらぬ、「映画が好き」という気持ちである。

「問い」というのはつまり、「もっと知りたい」「もっと知ってほしい」という知的好奇心なのだ。それが量から質へ転換するのである。

＊サイレント映画上演時にピアニストが演奏するための楽譜（1924年出版、編者はエルノ・ラペー）には、ストーリーに合わせてさまざまな曲が掲載されている。気分や情緒（「幸せ」「陽気」「神秘的」「単調」など）、場面や状況（「お祭り」「火事の消火」「葬儀」など）、音楽ジャンル（「ワルツ」「ポルカ」「タンゴ」など）、各国の国歌など、カテゴリー別に楽曲が分類されている。ベートーヴェン、メンデルスゾーン、ショパン、グリーグも多い。

第4章 PLAYLIST

〈ラップトップ・アンサンブル〉

ディヴィッド・チューダー	『レインフォレスト I』

〈コラム〉

J・S・バッハ	モテット「イエス、わが喜び」BWV227
エルヴィス・プレスリー	“Can't Help Falling in Love（「好きにならずにいられない」）”
イングランド民謡	「グリーンスリーヴス」
ギョーム・ド・マショー	4声のシャンソン「私のすべての喜びの源であるお方よ」
レナード・ローゼンマン	映画『エデンの東』メインテーマ
カミーユ・サン=サーンス	サイレント映画音楽『ギーズ公の暗殺』Op.128より序曲
映画音楽	『スター・ウォーズ』『シリー・シンフォニー』『バンビ』 『カールじいさんの空飛ぶ家』『ウォーリー』『もののけ姫』

第 5 章

他者・他文化・他分野と融合する

第５章概要

他者・他文化・他分野と融合する

創造するものが大きいほど、ともに協力し合える仲間が必要になる。お互い率直に意見交換したり議論を重ねたりする中で、時には正反対の意見が出ることもあるだろう。またはリーダーシップの難しさを感じることもあるかもしれない。

しかし思いがけない案や予想外の意見が出ることで可能性が広がり、より完成度の高い形へ収斂《しゅうれん》されていくこともある。１つの作品やシステムを完成させていく過程には、そんなダイナミズムがある。

この章では、「室内楽」「ＭＩＴシンフォニーオーケストラ」を、担当教授のインタビューを基にご紹介する。

いずれも演奏実技（パフォーマンス）の科目である。

実際に演奏するとは、単に楽譜に書かれた音符を音にするだけではない。音を発するということは、まず自分自身を表現することである。そして自分の音を聴きながら、他者の音を聴き、融合させていくこと。自分の文化を背負いながら、他文化の特徴を知り、受容していくこと。自分の専門知識をもちながら、他分野との接点を見出し、ともに課題に取り組むこと。

ほかとの接点では、思いがけない反応や摩擦もあるかもしれない。

しかしその音が相手に届けばこそ、新しい共同創造が始まるのだ。個と個の間で、あるいは集団の間で。

《室内楽》

個×個による究極のコラボレーション

音楽における究極のコラボレーションといえば、室内楽だろうか。

指揮者がいない状態で、1人1人が自律的・自主的に音楽に関わり、ともに曲を創り上げていく。

この「室内楽」では1学期かけて曲を仕上げ、ドレスリハーサルを経て、最終週にコンサートが行われる。

オーディションに合格した50～60名が毎年在籍し（今年のオーディションでは20名ほど選抜。すでに在籍している30～40名はオーディション不要）、主催者である委員会がグループ編成も決めることが多い。

その委員の1人が、ヴィオラ奏者のマークス・トンプソン先生だ（第3章参照）。

各グループの練習成果や経過をきちんと見ながら、穏やかな語り口で指導する。今回筆者が取材したのは4組。シューマンのピアノ三重奏曲第3番、チャイコフスキーのピアノ三重奏曲、ラヴェルの弦楽四重奏曲、そしてウィリアム・ウォルトンの弦楽四重奏曲第2番という珍しい選曲もあった。

いずれのグループも好きな音楽に関わっているという情熱と、忙しい勉強の合間を縫って練習を重ね、誠実に音楽を創り上げている様子が伝わってきた。自分のパートを確実にこなすかたわら、お互いの音を聴き合ったり、適切なテンポを維持したり、呼吸やタイミングを合わせたり、全体の音量バランスを取ったりと、他者とのコラボレーションはソロよりも難しい部分もある。

しかし、ほかの音楽科目でも発揮されていたグループワークのうまさが、ここでも発揮されていた。

なおトンプソン先生は近隣にあるニューイングランド音楽院でも教鞭を取るほか、ボストン室内楽協会芸術監督として定期演奏会を開催・出演している。

その3つの立場を踏まえてお話を伺った。

大学で室内楽を学ぶことの価値とは～マークス・トンプソン先生〈担当教授・講師インタビュー〉

約60年前に音楽学科が創設された際、音楽理論や音楽史に加え、プロが指揮するオーケストラがカリキュラムに取り入れられた。

そのうち、メンバーの一部が仲間を集めて私的に室内楽の練習を始めるようになり、プロの指導者を募る広告を出したところ、トンプソン先生が室内楽プログラムを始めることになったという。

つまり学生自らが自主的に始めた動きが、室内楽プログラムの起点になっているのだ。まさに自立した個と個がともに奏でる、室内楽という形態を象徴する歴史的背景である。現在、選曲や授業進行はどのように進められているのだろうか。

「授業（リハーサル）は、楽章全体またはその半分を弾けるようにしておき、何度か通して弾いて、最終週のコンサートまでに磨きをかけていく、という進め方です（6単位)。

室内楽は小編成で取り組むことができ、自分の時間とペースで練習できるので、時間的にもオーケストラより自由ですね。MITの教室は15名くらいが入れる小さな空間で、そこに3〜4名の小編成グループと私だけですから、毎回濃密な学びをしています。

選曲に関しては、今学期私のクラスには古典派作品を弾くグループはいませんが（別のクラスには何組かあり)、今まではハイドン、モーツァルト、ベートーヴェンなど古典派の弦楽合奏曲を弾いたグループもいました。

選曲は学生自身が行うことも多いです。ウォルトンの弦楽四重奏曲第2番は彼らのアイディアで、私も驚きましたよ。またラヴェルの弦楽四重奏曲を選曲したグループは、先学期はエイトル・ヴィラ＝ロボスの弦楽四重奏曲第６番を弾いていました。なかなかチャレンジングな曲ですね」

確かに、幅広い好奇心と強い表現意欲を感じる選曲である。

アメリカの大学では室内楽も広く教えられているが、大学の授業として何を学んでほしいか、また室内楽のおもしろさや難しさはどんな点にあるのだろうか。

「おそらく彼らは、ＭＩＴの中でもっとも熟練した演奏者だといえると思います。

室内楽奏者として長年教育を受け、演奏経験も多く、サマーキャンプやフェスティバルで経験を積んだり、音楽院やプレカレッジ・プログラムで高度なレッスンを受けたり、高校や地域のオーケ

【画像】左からマークス・トンプソン先生。グレースさん（ヴァイオリン）：４歳半からヴァイオリンを習い、学部では音楽とコンピューターサイエンスを専攻。現在大学院生。ユンさん（ピアノ）：宇宙工学専攻の４年生。ニコラスさん（チェロ）：作曲・指揮・室内楽経験者。

ストラで各パートの第1奏者を務めた経験もある。コンサートマスターであり、リーダーなのですね。

また兄弟姉妹も楽器を演奏していたり、ピアノとヴァイオリンなど2つの楽器を弾ける学生も多いんですよ。

そんな1人1人が集まってともに音楽を奏でる室内楽は、あらゆるソーシャル・トレーニングになっていますね。

折り合いをつけることを学ぶこと、お互いに聴き合うこと、物事を決めること、など。

そして、音楽をたくさん学び、テクニックを習得し、一緒に演奏する喜びを味わうこと。

ここで学んだことは、残りの人生でもずっと続けていってくれるでしょう」

室内楽は演奏者同士のコラボレーションかつインタラクションであり、これがあらゆるソーシャル・トレーニングだというのは、先述したハットウィック先生の「アンサンブルは音楽を通じた社会体験」とも共通する。

ところでトンプソン先生は近隣にあるニューイングランド音楽院でも教えているが、大学と音楽院で学生を教えることに関して、違いを感じることはあるのだろうか。

「MITの学生も、ニューイングランド音楽院の学生も、それぞれ人生において異なるゴールをもっているので、違いは感じます。でも、学ぶ意欲や熱意は同じくらいありますね。先ほどもMIT学生の1人が、『科学やそのほかの科目の勉強があったので、寝たのは明け方の4時だった』と言っていました。彼らは音楽の才能もあるのですでに何でも弾けるわけですが、**音楽を演奏するということは、彼らにとって楽しみでもあり、喜びでもあり、魂のリフレッシュでもある**わけです。

一方、プロフェッショナルを目指す音楽院の学生にとっては、魂の喜びもありますが、同時にプレッシャーや不安もあるわけですね。もし成功できなかったら、別の可能性を探らなければなりませんから。

実は今日音楽院でレッスンしてほしいという希望があったので、通常は午後なのですが、朝8時に来るよう伝えたところ、快く来て熱心に学んでいました。大変モチベーションが高く、1つも学びの機会を逃したくないのですね。

ゴールは異なりますが、大学生も音楽院生も一生懸命勉強に励んでいます」

《MITシンフォニーオーケストラ》
他者に、自然に、耳を傾ける

音楽学科の科目でもっとも古いのがこの「MITシンフォニーオーケストラ」である。1884年に前身となるMITテックオーケストラが結成され、その後解散し、戦後1947年に再結成された。

その指揮を執ったのが、音楽学科プログラムを創り、初代音楽学科教授となったクラウス・リープマンで、彼はMITシンフォニーオーケストラ、MITグリークラブ、合唱ソサエティの初代音楽監督となった。

当初は課外科目として始まったが、後に単位取得科目となり（6単位、要オーディション）、クラブ活動として参加することもできる。レパートリーはバロック期から現代曲まで幅広く、映画・演劇音楽や、MIT音楽学科教授陣による作品まで含む。

オーケストラはこれまでベルリオーズ『幻想交響曲』（アダム・ボイルズ指揮）の録音や、世界的指揮者グスターボ・ドゥダメルやサー・ロジャー・ノリントンなどのマスタークラスを受けてきた。またMIT内のアンサンブルグループなどとのコラボレーションも多い。

メンバーはさまざまな学部・学科に所属しており、コンピューターサイエンス、機械工学、生物学、数学、脳科学、認知科学、化学、物理学、航空学、宇宙工学、経営学、建築学、材料科学、工学など、多岐にわたる。

今回は、作曲家でもあり、今年度MITシンフォニーの指揮を務めるエヴァン・ジポリン教授にお話を伺った。

〈担当教授・講師インタビュー〉

自然・環境に耳を傾ける～エヴァン・ジポリン先生

「MITシンフォニーオーケストラ」はコンサートに向けてのリハーサルが授業となっている。

11月コンサートのテーマは「アンビエント・クラシカル」で、この選曲が大変独創的だ。前半はエリック・サティ『ジムノペディ』のアレンジ（即興を含む）、ワーグナー、メンデルスゾーン、後半は現代曲が続く。どのような意図があるのだろうか。

また冒頭『ジムノペディXYZ』（ジポリン先生による編曲）の3曲目は指揮をしていないが……？　なぜこの曲を冒頭に置いたのだろうか。

「サティは『家具の音楽』などで、アンビエント音楽の祖父と考えられています。『ジムノペディ』にはさまざまなアレンジがあり、ドビュッシーによる管弦楽編曲や、ブレンダン・ランディスが手がけた『ジムノペディNO．1』という作品もあります。これは100回以上録音を繰り返してトラックを重ね合わせたものですが、大変美しいです。『ジムノペディ』を我々のコンサートで生演奏したいと思ったとき、オーケストラメンバーにはぜひ即興体験をしてほしいと考えました。私の役割は30秒ごとにキューを出すだけ。あとは彼らが自分のペースで音楽を進めていくわけですが、必ずしも全員がシンクロするわけではなく、毎回違う音楽が生まれていきます。

ただ大きな課題だったのは、彼ら自身がコンサートで弾くにあたり、聴衆が理解できるのか、何かの冗談と思うのではないかとの不安があったことです。

確かに初め何回かのリハーサルではそのような懸念が見えましたが、何度か回数を重ねていくうちに彼らも理解するようになりました。1年生が多いこともあり、ほとんどの学生にとって新しい音楽経験だったようです。

この曲を冒頭に置いたのは、これが通常のコンサートと違うということを示したかったからです。静かな宣言ですけれどね。

実は私自身も同じようなプログラムを演奏したことがあります（ニューヨークのアリス・タリー・ホール）。20〜25名の小編成楽団の指揮でしたが、このような類の曲を人前で演奏

学内にあるコンサートホールで演奏するMIT シンフォニー・オーケストラ ©Danny Goldfield

するのは初めてで、途中で帰ってしまわれたお客様もいました。

確かに最初の数分は少し心地よくない瞬間があるかもしれませんが、**今までとは違う新しい耳の体験をしていただくことも1つの価値**だと思います」

新しい耳の体験を促すこの意欲的なプログラムを通して、演奏者である学生たちには何を学んでほしいのだろうか。

「2つあります。まず1つは、**アンビエント音楽を通し、自然の音楽に耳を傾けること、音に対する意識を高めてほしいということ**。ただし、いくつか段階を踏んで進めています。

リハーサル（授業）では、まず伝統的な曲であるメンデルスゾーン『華麗なカプリッチョ』

や、ワーグナーのオペラ『ローエングリン』第一幕への前奏曲、『ラインの黄金』序奏から練習を始め、次にメロディはあるが和声が独特であったり、即興演奏を含んだりする『ジムノペディXYZ』を小編成で実践し、それが消化できるようになってから、ロバート・フリップ&ブライアン・イーノによる『夕べの星』へ。この最終楽章は柔らかく優しい印象で協和音もありますが、どの音を聴くべきか選択力と集中力を要します。

そして最後にポーリーン・オリヴェロス『オーケストラのための瞑想』で、完全に自由かつクリエイティブで、聴き慣れない音もたくさん入っている曲を弾いてもらいました。

こうして段階的に導くことによって、今まで接したことのない音楽体験にも挑むことができます。

ちなみに、プログラムの中央にメンデルスゾーン（昨年開催の学内協奏曲コンクール優勝者の褒賞）を配置しましたが、アンビエント音楽とクラシック音楽の間にいいつながりを創ることができたと思います。

もう1つは、**違う場で培ってきたミュージシャンシップや、さまざまな音楽との接点を統合していくこと——それにより音楽家としても人間としてもより成熟していくのではないかと思います。**私自身の経験から感じることでもありますが、クラシック音楽はここで、ジャズはあそこで……というように教育の場は区分化されていますから。

そこで今学期は、人生におけるさまざまな場面や状況で親しんだ音楽をオーケストラにもち込むことを意図しました。それによって、オーケストラを人生に関係あるものとして認識してほしいと願っています」

さまざまな音楽との接点を統合していくこと、これは学期初めのコンサートでも体現されていた。

テーマは「鐘の心」。チェコの女性作曲家2人の作品、そしてジポリン先生作曲『蛙の眼(Frog's Eye)』も演奏された。なぜ全体テーマを「鐘の心」としたのだろうか、このアイディアの背景は？

真剣に演奏する学生たち　© Danny Goldfield

「作曲家イヴァ・ビトヴァさんは母国チェコの民俗音楽や、先進的な音楽、ジャズなどさまざまな音楽を統合しながら作曲や即興を行っていて、私自身大変インスピレーションを受けています。彼女が作曲した管弦楽曲をアメリカで初演したかったのと、その音楽を一緒に創り上げていきたかったのです。イヴァの作品『Zvon』はチェコ語で『鐘』を意味し、歌詞はまさに鐘の心について語っています。つまり、精神的な中心としての心と身体は、世界と共鳴するという考えなのです」

「この曲をプログラムの中心に据え、もう一人の女性作曲家ヴィチェスラヴァ・カプラロヴァ『田舎風組曲』(1938年)と抱き合わせにしました。

今学期を女性作曲家の作品で始めたかったのですが、いずれも郷土色豊かでありながら、先進的でもあり、過去と現在を結び合わせるような音楽です。彼女たちの人生を含め、**あらゆる要素が統合された音楽に取り組むこと、そして演奏者自身もそれを自分の内に統合すること**、それが私の目指していることです。

また私の曲『蛙の眼』は、19世紀の哲学者ヘンリー・デヴィッド・ソロー(著書に『ウォールデン 森の生活』など)が住んでいた家を訪れた際、そこにある湖(マサチューセッツ州コンコードにあるウォールデン池)にインスピレーションを受けて書いた作品です。

彼は著書で、自然に帰れと説いています。彼がさまざまな人生経験を経たこの場から、多くのインスピレーションを受けました」

他者の声に耳を傾け、多様な文化と融合し、自然と呼応し、この世界に共鳴する。人間はもともと多様性を受け入れ、その中で生きることができる生き物——そんなことを実感させてくれるプログラムだ。今学期後半のプログラムも、これまた独創的である。

「2020年3月のコンサートは映画音楽がテーマで、『13日の金曜日』、『イーストウィックの魔女たち』、デヴィッド・リンチ監督作品中の音楽や、ドン・バイロンの世界初演曲もあります（新型コロナウィルス感染拡大防止のため、無観客で実施。You Tubeで視聴可能）

4月はラヴィ・シャンカールが最後に書いたシタールのためのオーケストラ作品です。学期末の5月は、ボストンの古楽グループであるヘンデル&ハイドン協会と共催し、マックス・リヒターによるヴィヴァルディ『四季』の再作曲作品に取り組みます。

プログラム構成にあたり、聴衆が好む曲を組み合わせるのではなく、オーケストラと聴衆それぞれの体験を結びつけることを目指しています。ですから2020年はベートーヴェンはなし（笑）。もちろんベートーヴェンは大好きですよ！

指揮のエヴァン・ジポリン先生
Ⓒ Christine Southworth

実は今年1年は常任指揮者アダム・ボイルズ氏不在のため、私が代わりを務めています。せっかくですから、特別な年にしたいと思っています」

多様性が大いに反映されたプログラムを演奏するオーケストラメンバーもまた、多様性そのものである。現在、科学・工学・数学などさまざまな学部に在籍する約90名の学生に加え、大学院生が約10名、またコンサートマスターはMITが雇用した研究者だそうだ。

「この通り、学生や研究員が一緒に演奏しています。このクラスが求めているのは、リハーサルに出席して自分のパートを着実にこなすこと。音楽院ではありませんが、音楽と真剣に向き合い、メンバー同士がしっかり関わり合うこと、すなわちコミットメントが大切だと考えています。彼らはお互いよく気にかけていますし、ときどき皆で集まっているようですよ」

なお、MITでは2020年3月より、新型コロナウィルス対策のため、すべてオンライン授業に切り替えられた。そのため、4・5月の予定を変更し、ベートーヴェンの交響曲第7番第2楽章のリモート録音に取り組んだそうだ。

1人1人が自分に向き合いながら、全員で確かな絆を感じたに違いない。

(http://vimeo.com/420882123)

コラム

アート×テクノロジー×社会意識の融合〜CASTプログラム

〜MIT音楽学科教授　エヴァン・ジポリン先生

MITの構内や広場を歩くと、ぱっとアート作品が目に入ってくる。

MITでは1968年より、キャンパス内の大規模な施設建設や修復を行う際、アート作品を委嘱するプログラムを実践している（Percent-for-Art Program）。これはリスト・ビジュアル・アート・センター主宰により、1案件につき50万ドルまでのアート作品委嘱を行うもの。建築家とアーティストのコラボレーションは以前からあったが、このプログラムによってアートとの融合が定例化している。

「人文学・芸術・社会科学」学部の中に、「芸術」の文字が入ったのは、2000年のことである。ただ美術科目が、音楽や演劇のように一領域として存在しておらず、いわゆる西洋美術史やデッサンのような伝統的教育は見当たらない。

しかし、アートの概念は至るところにある。フォトグラフィー、アニメーション、パフォーミングアート、ビジュアルアートなど、テクノロジーと融合したアートプロジェクトが展開されて

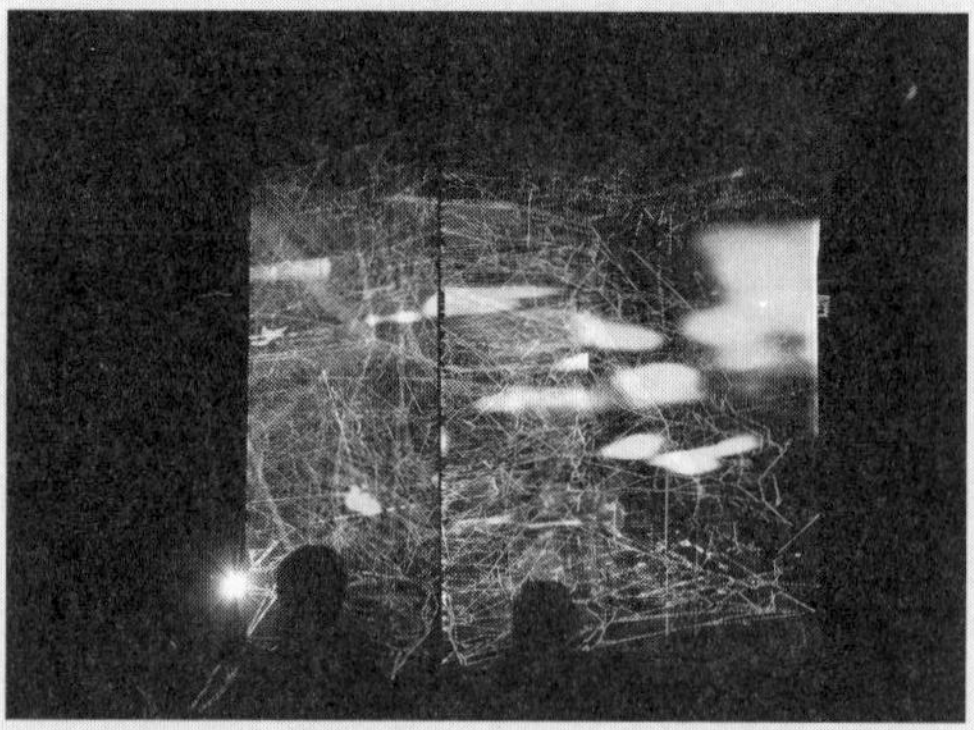
Spider's Canvas（蜘蛛のキャンバス）のインスタレーション
© Aurélie Cenno

いる。

ここでご紹介する「アート・科学・テクノロジーセンター（CAST）」も、その延長で捉えられるだろう。創設者はMITシンフォニーオーケストラで登場したエヴァン・ジポリン先生だ。

ここでも「自然から学ぶ」「社会とつながる、社会へ生かす」という姿勢が生かされている。

2012年に創設されたこのプログラムには、どんな学際的プロジェクトがあるのだろうか。まずは音楽に関するものを伺った。

『蜘蛛のキャンバス』という作品を手がけました。

サウンド・ビジュアル・アーティスト（トマス・サラセーノ氏）の発案で、土木工学部教授（マークス・ビューラー先生）による蜘蛛の糸の構造に関する研究を基に、我々（本人&イアン・ハットウィック先生）が音楽を担当し、協働して作品を創りました。

南米の熱帯地域に生息する蜘蛛の糸を3Dスキャンし、それについて土木工学研究室チームがコンピューター・シミュレーションを行い、糸がどのように動き、相互作用しているのかを明らかにしました。

それを基に、我々がヴァーチャルの弦を作成し、サウンド・プロセシングを行い、インスタレーションを制作しました（階層構造になっている蜘蛛の糸を再現するため、異なる周波数の音を用いて音響化。どの弦を見せるかコンピューター操作することにより、異なるハーモニーが生まれる）。

自然界と音響の世界のつながりを感じていただけたと思います。

また物理学部と別のビジュアル・アーティスト（マシュー・リッチー氏）による『インビジブル・カレッジ』というプロジェクトもあります。

ナノ粒子から宇宙のダーク・エネルギーまでさまざまなスケールのものについて、インスタレーション、ヴァーチャル・リアリティ、音楽などを通して視聴覚体験を促します。その一環として『ダーク・エネルギー〜宇宙のオペラ』というコンサートを2020年に開催予定（2021年に延期）で、音楽は私が作曲し、地元の音

MIT 構内にピアノも置かれている。ときどき学生が弾くことも。

楽家が出演します」

人間を人間らしく～アーティストの社会問題意識から生まれたもの

音楽と土木工学、音楽と宇宙工学……さまざまな分野との融合により、壮大な音楽が生み出されていく。これは音楽だけでは生み出せない、ダイナミズムを感じるプロジェクトだ。

CASTではまた、**アートを通じて社会問題を解決するプロジェクト**も行われている。

「建築学部准教授のアズラ・アクサミージャ先生は中東の難民キャンプにおいて、文化とテクノロジーに関わるプロジェクトを複数行っています。

たとえば『ライトウィーヴァー』などは、環境の変化に対する芸術的対応を目指したものです(『ライトウィーヴァー』プロジェクトは、難民との協働作業により、キャンプ室内に装飾的なライティングを施して文化的空間を創り上げる。それが同時に、電気・機械工学、刺繍、カリグラフィー、文化的なストーリーテリングの体験的演習にもなる)。

また比較メディア学のクリスチャン・ボーク氏発案・創作によるヴァーチャル・リアリティ(VR)のプロジェクトは、敵を1人の人間と見なして向き合うこと、をテーマにしています。

VRでは、あなたが部屋に入り、廊下を歩いていくと、敵の兵士が目の前に現れます。そこであなたは相手と会話をしなくてはなりません。相手の話を聞き、コミュニケーションを取ることで、相手を1人の人間として見るのです。倒すべき相手としてではなく。私も試しましたが感動的な体験でした。

このプロジェクトは、コミュニティを〝人間らしく〟することを目指しています」

自然や宇宙のメカニズムを音響化して身近に感じたり、社会問題に対して当事者の立場になって解決策を考えたりと、いずれも大変興味深いプロジェクトである。時には、学生も発案に参画することがある。

『蜘蛛のキャンバス』では、アイディアそのものはアーティストからですが、博士課程の学生（イザベル・スー）がマッピング作業に関わりました。

ガラスを使って楽器を創る『ガラス・ラボ』というプロジェクトは学生からの発案で、楽器メーカーとコラボレーションしたいと要望がありました。楽器製作プロジェクトはほかにもあり、大学周辺にある廃品を集めて楽器を創ったり、ジンバブエから伝統楽器製作者を招聘して楽器製作をしたり、電子楽器製作なども行いました。

ＣＡＳＴは複数の学部・学科にまたがる学際的なセンターで、複数の学部・学科がともにアーティストとコラボレーションすることもあります。ただそれ自体がクラスをもつことはなく、特定の学部も教授もおりません」

構内にもっとアートを！　創設の経緯＆将来の展望

アーティストからの問いかけ、さまざまな分野での研究、そしてテクノロジーとのコラボレーションによって、実に多様なプロジェクトが展開されている。

ＣＡＳＴ創設の経緯と、今後の展望はどのように考えられているのだろうか。

「ＭＩＴ創立１５０周年記念イベントとして、アート・科学・テクノロジー・フェスティバルが開催されました。これは音楽学科教授で作曲家のトッド・マコーバー先生が主催したもので、私も運営委員として関わりました。終了後、もっとキャンパス内にアートを取り入れたほうがいいのではないかという声が学生や教職員からも多く挙がり、ＣＡＳＴセンター創設に至りました。

今後の展望としては、『ＭＩＴサウンディング』というシリーズをパフォーマンスアートにまで拡張していくこと（『ＭＩＴサウンディング』では、クラシック、民俗音楽、映画音楽、アンビエント音楽など、ジャンルを超えて新しい音楽創作・環境を提案するアーティストを取り上げている）、また支援を増やしてプロジェクトをさらに増やしていくこと、そしてＣＡＳＴを自立成長型にすることです（現在はメロン財団が支援）。

現在は2名の客員アーティストを支援していますが（ビジュアル・アーティストとパフォーミング・アーティスト）、1年間在籍してもらえればより長期的計画に基づいたプロジェクトが実行でき、構内にアートを統合していくことができます。

アーティストはビジョンを示し、多くの人を巻き込んでいくことができます。

Percent-for-Art Program により設置されたアート作品
（米彫刻家マーク・ディ・スヴェロ作『イソップ寓話』II）

たとえばマシュー・リッチー氏はすでに土木工学、物理学、コンピューターサイエンス、音楽など、5～6つのプロジェクトに関わってきました。

私自身も以前は自分が教える学生しか知らなかったのが、今では多くの研究者や教授を知り、より大学と融合している感覚があります。CASTセンターにおける私の役割は、そうしたさまざまなアーティストをMITに呼び、そのアイディアを実現してもらうことです。

金銭的な支援だけではなく、学内スタッフや学生とアーティストをマッチングすることもあります。航空宇宙学のスタッフに学外アーティストを紹介したこともありますし、学外アーティストからの希望があれば学内スタッフを紹介したり。いわばファシリテーターですね」

異なる分野をつなげる、という発想がすべてのプロジェクトの基本にある。そしてその背景には、より大きな思想があった。

「**1960年代、MIT学長は学生を〝人間らしく〟する必要を感じ、人文学部を創設しました。**学生たちが社会に出る前に、文化的教養を身につけさせるためです。

私が教え始めた当初は、彼らが後の人生で必要だろうと思うものを我々が提供していました。

しかし**世界は変わり、学生自ら、自分で物事をつなげて考えるようになりました。**たとえばソフトウェア会社を起業した卒業生が、デザインや音楽といったクリエイティブな要素を取り入れるようになった例もあります。

我々としては、どうすれば彼ら自身をより生かし、『より大きな全体を創造していけるか』を教えたいと思います」

「より大きな全体を創造していく」――これはMITすべてに通じる思想ではないだろうか。「個」を生かしながら、「全体」とどう調和して創造していくか。これをヒントに、第6章・第7章をお読みいただければ幸いである。

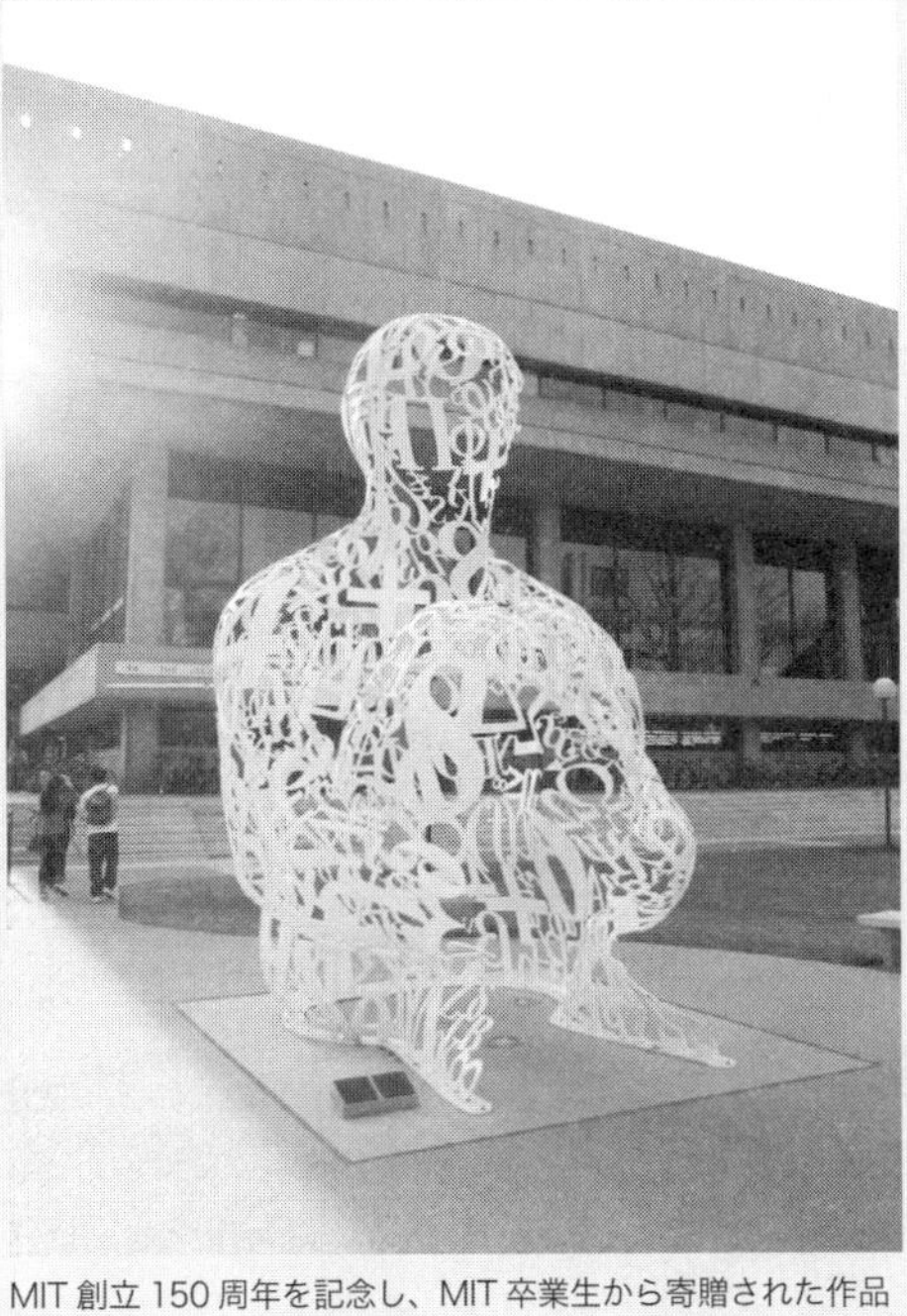

MIT 創立 150 周年を記念し、MIT 卒業生から寄贈された作品（スペインの芸術家ジャウメ・プレンサ作『アルケミスト（錬金術師）』）

第5章 PLAYLIST

〈室内楽〉

ロベルト・シューマン　ピアノ三重奏曲第3番 Op.110 第1楽章

ピョートル・チャイコフスキー　ピアノ三重奏曲 Op.50 第1楽章

モーリス・ラヴェル　弦楽四重奏曲 第1楽章

ウィリアム・ウォルトン　弦楽四重奏曲第2番 第1楽章

〈MITシンフォニーオーケストラ〉

エリック・サティ　『3つのジムノペディ』

フェリックス・メンデルスゾーン　『華麗なカプリッチョ』

リヒャルト・ワーグナー　歌劇『ローエングリン』第1幕への前奏曲、楽劇『ラインの黄金』序奏

ポーリーン・オリヴェロス　『オーケストラのための瞑想』

イヴァ・ビトヴァ　管弦楽曲『Zvon』

ヴィチェスラヴァ・カプラロヴァ　管弦楽曲『田舎風組曲』

エヴァン・ジポリン　管弦楽曲『蛙の眼（Frog's Eye）』

映画『13日の金曜日』より　テーマソング

映画『イーストウィックの魔女たち』より　「悪魔のダンス」

ルートヴィヒ・ヴァン・ベートーヴェン　交響曲第7番 Op.92 第2楽章

第6章

MITの教育から探る、未来を生きる世代に必要なこと

第6章概要

MITの教育から探る、未来を生きる世代に必要なこと

創造的な解決者になる——それは多くのMIT学生の目指す将来像だろう。

VUCA（不安定、不確実、複雑、曖昧）の時代といわれる今、過去学んできたことの延長に解決策があるとは限らない。むしろまったく異なる視点から新しい発想が生まれることがある。

数字やデータ、コードといった左脳的要素だけを追うのではなく、音、香り、手触りといった五感から導かれる右脳的要素も含め、人間の身体や感覚をすべて生かしてこの世界を再体験し、新しい視座を得ることが、将来的にイノベーションにつながるのではないだろうか。

では、MITの人文学・芸術・社会科学部は、学生にどのようなことを学んでほしいと思っているのだろうか。

人文学などを通して身につけてほしいツールキットとして、「クリティカル・シンキング（批判的思考）、歴史や他文化への理解、数学と統計を運用・分析する能力、優れた文学者や

芸術家の洞察に触れること、実験への積極的な取り組み、変化を受け入れること、曖昧さに方向性を与える能力。そして芸術や人文学で培われる創造力」と記されている。

どれも重要な要素である。中でも「芸術や人文学で培われる創造力」は、まさにその通りの授業内容と感じた。また、筆者の印象では、ＭＩＴの学生はこうしたスキルや資質をすでに身につけ、未来世代を具現化しているようにも感じた。

この章ではそうしたＭＩＴの教育理念や音楽授業例を参考にしながら、「未来を生きる世代に必要なこと」として、

①自分の身体知を掘りおこす
②多様性を受け入れる
③枠の外に出る、未知の状況に向き合う
④「より大きな全体」を構想する

の４つにポイントをまとめてみた。

未来を生きる世代に必要なこと①

自分の身体知を掘りおこす

発想力はどこから生まれるのか

鋭い問題意識、優れた発想力や創造力はどこから生まれるのだろうか。

「この問題を解決したい」「この社会や環境をよりよく変えたい」「より安心して住める地球にしたい」「宇宙の真理を知りたい」……それは自分の感覚で感じ、身体で経験した知や感情から生まれるのではないだろうか。

幼少期に好奇心をもったこと、疑問に思ったこと、自分や家族、あるいは友人知人の悩みに共感し、その解決を志したことなどから、研究の道に進む人も少なくないようだ。

自分の内に抱える問題意識が何らかのきっかけで発動するとき、創造の力が生まれるのだろう。

創造するとは、果てしなき挑戦の連続である。自問自答を繰り返したり、失敗を重ねたり、途中で道を見失うこともあるかもしれない。とりわけ時代の過渡期を迎えている今、我々が直面している問題は、社会全体または地球全体という規模のものが多い。問題そのものの全容が見えにくいのだ。

しかし、自分の中にある小さな気づきこそが、問題解決の糸口となり、新たな社会の創造へとつながるかもしれない。

さまざまな視点から、自己探求する

まず自分を知ること。それが出発点であり、もっとも重要なことである。

「ワールドミュージック入門」（p90）では、世界各国の民俗音楽を学ぶが、最初の授業で行うのがパーソナル・ミュージカル・エスノグラフィーを探ることだった。自分がどのような音環境で育ったのかを掘り下げることは、自分自身が属する民族としてのルーツ、自分自身の文化・社会的背景を紐解くことになる。

そして、MITが尊重する「創り手」としてのあり方は、主体的に問う姿勢から生まれる。授業は10～15名前後の少人数で行われることが多いが、学生の姿勢は大変活発で、学生自らが気づきや発見を自由に発言したり、ディスカッションテーマを提示したりすることもある。突然あてられても即座に考えて自分の意見を述べる姿も多く見られた。もともとそのような資質を備えているのかもしれないが、授業もそれを促すように構成されている。

たとえば「西洋音楽史入門」（ｐ61）の授業では、１学期中にエッセイやリポートなどの課題が10回あるため、自ずと自分の学びや考えをまとめることが習慣化される。２つ以上の概念の比較考察が多く、相対的に物事を見る力がつくだろう。すでに提出したエッセイや作品に新しい概念を加え、修正・洗練させていく課題もある（「20世紀音楽の作曲」（ｐ１８８）など）。また「ザ・ビートルズ」（ｐ１３５）の授業では学生自身でディスカッションテーマを提案する機会があり、多くの人と意見を交わすのに有意義なテーマは何かを考えることになる。

そのように**「なぜ？」を投げかけることは、今あるいは未来には何が必要なのか？　というイノベーションや創造にもつながるだろう。**

これからの社会はコンピューター化・データ化が進み、データフローの中で我々が生きる時代になる、という学者は多い。我々の記憶や知覚をはるかに超えるデータを機械やネットワークがもつようになると、自分の存在意義や実体をスクリーンの中に求めるようになるのだろうか。

しかし一方では、古いレコードでノイズのある音を聴いたり、ドリップでゆっくり丁寧にコーヒーを淹れる時間を大事にしたりと、聴覚を刺激する心地よい音や確かな手触りを求める人も多い。ASMR（Autonomous Sensory Meridian Response、聴いて気持ちのいい音を集音したもの）が世界的に広まっているのも偶然ではないだろう。

やはり人間本来の性質として、この世界に1人の個性ある実体として存在していたい、と思うのだ。

まさに生きていると実感する瞬間。自分が確かに生きていると実感することが、主体的にこの世界に関わり、創造していくという動機になるのだろう。だからこそ、自分の身体感覚や感情を知ることは、「生」に触れることであり、創造の第一歩なのである。

音楽は、自分の身体感覚や生理的反応を知り、また、内的な思索を促す機会にもなる。たとえば、「西洋音楽史」や「ワールドミュージック」「オペラ」には、多くの歌曲が登場する。人間の声の限りない可能性が感じられるだろう。

また、「オペラ」（p107）の授業では、人間のあらゆる高揚した感情が描かれているシーンを取り上げている。特に「愛」や「怒り」は、人間の根源的な情動である。

人間にはそんな激しい感情が眠っているのか、そんな強い情動に動かされてさまざまな歴史や文化が積み重ねられてきたのかと知ったり、自分にはどんな情動があるのかと内省したりすることもあるかもしれない。そうした人間の光と闇の部分も含めて、オペラは露骨にまたは象徴的に描き出している。

単なる音楽鑑賞だけではなく、自分の体験や感覚と結びつけて聴くことも、大事な自己探求の時間になるだろう。

ハンガリー出身の物理化学者・社会科学者マイケル・ポランニーは、**「身体や情念を含む個人の暗黙知**こそ、科学的な発見を前進させてきた」と述べている（紺野登・野中郁次郎共著『構想力の方法論』／日経ＢＰ社／ｐ90）。自分の感情や感覚が訴えかけるものの中に、「この現状を変えたい」「こんな未来を創りたい」という生々しい願望は潜んでいるだろうか。それは、自分個人だけのものではなく、多くの人間が欲するものかもしれない。

★パーソナル・ミュージカル・エスノグラフィーを書いてみよう

未来を生きる世代に必要なこと②

多様性を受け入れる

なぜ多様性が大事なのか

多様性とは、昨今とりわけ重視されている概念である。

1人1人は異なる存在であり、それを尊重すべきである――それは至極真っ当なことである。が、頭で理解していても実際には他者との差異が少し気になってしまうこともあるかもしれないし、異なる意見を受け入れつつ最適解を見出していくのは容易なことではないだろう。

ではどのようにしたらよいのだろうか。

まず唯一無二の自分という存在を理解するほど、他者への理解も深まるだろう。なぜなら人は一面的ではなく、自分の中に多くの体験知を抱え、それ自体が多様であるからだ。それに気づいて向き合った結果、視野が広がり、それにより多様性を尊重するという境地に近づくかもしれない。

「自分を知る」「相手を知る」という学び

多様性を受け入れるには、まず世界は多様であることを「知る」ことが必要になる。世界にはさまざまな人間、感情、思考があり、それらによって育まれた文化や芸術があることを知るということは、世界の多様性を受け入れること、また一個人としての意識の進化にもつながるだろう。

MITに関していえば、大学自体が世界の多様性を反映した巨大なコミュニティである。確かにどのクラスを見ても多様である。

2019年度新入生データによれば、米国市民権・永住権をもつ学生は89%（うち白人・コーカサス系が42%、アジア系アメリカ人が41%、ヒスパニック・ラテン系が14%、黒人・コーカソイドアメリカ人が10%、インド系アメリカ人・アラスカ原住民出身が3%、ハワイ原住民・太平洋諸島出身が2%／複数申告している場合もある）、そして海外出身者が11%・62か国である。また、過去20年間に世界134か国から学部生・大学院生・研究者・教授・職員を受け入れてきたそうだ。

いかに世界中の知を集めているかがわかるだろう。

ちなみに2019年度新入生の出身校のうち、1%はホームスクールである。学校名だけに頼らない、「個」の実力勝負の世界である。

先述の通り、「ワールドミュージック入門」では初回授業でパーソナル・ミュージカル・エスノグラフィーを書き出すが、これをクラスでお互いにシェアすることによって、いかに自分も相手も多様であるかを実感することになるだろう。そして、自分を知り、相手を知ることで、自分も多様性の一部であることが認識され、多様性を許容することにつながるだろう。

まさに世界の音楽を幅広く学ぶ、この授業にふさわしい初回課題である。

そのワールドミュージックの授業で、インドネシアのガムランやセネガルのドラムを体験した学生は、次のように述べている。

「西洋音楽のクラスと並行して、セネガル・ドラムのクラスを取ったことで、違う視点を得ることができました。一見、共通点があるようには見えませんが、音符や書法が対位法に似ています」

「ガムランを演奏しましたが、西洋音楽しか学んだことのない人間にとってまったく未知の体験でした。実際に楽器を見て、弾いてみることで、それが西洋音楽とどれだけ違うかを体感しました」

今まで自分が接してきた音楽が世界に数多ある音楽体系の1つであること、地域や時代が違えばまったく音楽の様式・形式・構成・聴取のされ方なども変わること、このように視野を広げることによって客観的視点をもつことができる。

そして、あらためて、おのおのの個性と価値を理解するのである。

MITでは授業内容だけでなく、授業の進め方においても、多様性という点を踏まえている。それはグループワークの多さ、コラボレーション手法の多彩さに表れている。

ピア・エディティング（「ワールドミュージック入門」）、ピア・クリティキング（「ザ・ビートルズ」）、チュートリアル（「調性音楽の作曲」）、2人または複数人数でのコンサート鑑賞（「オペラ」「映画音楽」「ザ・ビートルズ」など）、グループ・ディスカッション（全科目）、グループ・プレゼンテーション（「ザ・ビートルズ」「インタラクティブ・ミュージック・システム」など）など、グループワーク、チームラーニングの機会が多い。

これは共同研究・開発が多い理数系の性質からすれば自然なのかもしれない。

「MITの学生はグループワークが得意」と、芸術系の先生方も太鼓判を押す。

さらに興味深いのは、音楽経験の豊富な学生とまったく経験のない学生が一緒に学んでいることである。むしろ、両者が交じり合うように意図的にグループが組まれることもある。たとえば「ザ・ビートルズ」では、学期を通してグループ・プレゼンテーションを行うが、それはビートルズがグループ結成時に、メンバー同士でお互いに学び合っていたことに由来するのは、先述した通りである。

授業では音楽経験のある・ない学生がうまく交じり合うようにグループを分け、お互いに話し合って助け合えるようにしているという。

また「調性音楽の作曲」のチュートリアルでは、学生1人1人が書いた弦楽四重奏曲を先生がピアノで実演するのを聴き合い、互いに質問をしながら、対位法やハーモニーに関する問題を解決していく。なるべく作品のいいところを探して生かすようにしながら、全員で作品創造に取り組むのだ。

創造行為はたった1人だと行き詰まることがあるかもしれないが、同志に励まされることで、新たなインスピレーションが得られるかもしれない。とてもポジティブなパワーがみなぎる授業である。

また全体を統括する指揮者がいない室内楽演奏も、難しいコラボレーションである。1人1人が個として自立し、なおかつ音楽の流れの中で全体がまとまることが求められる。室内楽を指導するマークス・トンプソン先生は、室内楽は「あらゆるソーシャル・トレーニング」と表現している。

個々の視点から、全体に「どうしたらよいか」と問いかけること、多様な視点が交じり合う中で新たな気づきを見出し、最適な着地点を探ること、異質なものの中に同じ資質や価値、原理、法則を見つけ、統合すること。自分をよく知り、自分自身のリーダーシップを取れる人は、グループワークでも緩やかに軽やかにコラボレーションすることができるのだろう。

実際MITの学生を見て印象的だったのは、いい意味での軽やかさとオープンさである。

創造性やダイナミックな発想力にどう生かされるのか

では、多様性は創造性にどう生かされるのだろうか。

米神経科学者のボー・ロット氏は、世界と積極的に関わることで多くの経験が蓄積され、刺激に対して有効に反応できるようになり、脳の構造が実際に変化すると述べている。

一言でいえば、この現象は「細胞のイノベーション」であり、未来の知覚や発想にも影響があるとしている。さらに、イノベーションを起こすエコロジーの中で、初心者と専門家の組み合わせが特に大きな可能性を秘めているという。初心者は無造作にいい問いを投げかけ、それが専門家でも気づかない視点を提供してくれることがあるからだ。（ボー・ロット著、桜田直美訳『脳は「ものの見方」で進化する』／サンマーク出版／p99〜100、381）。

まさにMITのグループワークはいい例である。

こうした自分と他者の接点、異なる分野の接点、初心者と専門家の接点などに起きる摩擦は、それ自体が創造性のきっかけになりうるのだ。MITのグループワークで、音楽の経験者と初心者を合わせるのも発想が似ている。

自己意識の内側においても、多少の摩擦はあるだろう。自分の身体や生理感覚、感情、また自分の価値観や美意識などを知るうちに、複数の要素が共存していることに気づくかもしれない。時には、相容れない要素が同居し、矛盾を感じる人もいるかもしれない。

しかしロット氏は、偉大なリーダーは矛盾した資質を内包しているという。

その最たる例の1人として挙げられているのが、物理学の歴史的権威であるアルバート・アインシュタインで、彼はいつでも初心者のような心をもち、問いを発し続けた。

自分の中に2つ以上の領域をもち、客観的な目で他方を見たり、それらを行き来したりしながら時には融合させていく。そんな複層的な視座をもつ、自身の内なる多様性がダイナミックな発想力へと結びつくのである。

MITの「アントレプレナーシップ&イノベーション」

イノベーションは多様性の中から生まれる――これを育成しているのが、MITで201

6年に設立された「アントレプレナーシップ&イノベーション」である（工学部と経営学部が主体）。

これは、この前身となるMITイノベーション・イニシアティブでの学際的な人材育成実績を踏まえつつ、現場のイノベーターや起業家と連携しながら、専門知識と実社会経験を授業にもち込むことを目指している。

授業はチームラーニングを基本とし、専門領域の異なる学生たちがともにイノベーションに挑む。必修科目は「エンジニアリングにおけるイノベーション～アイディアをインパクトに」「ベンチャー・エンジニアリング」、そして次の3つの領域から1科目以上履修する。

❶「アントレプレナーシップ&イノベーションのコンテクスト」
経済的発展と繁栄促進における役割、政策との関わり、環境資源におよぼす影響の考察など、さまざまなコンテクストの中でアントレプレナーシップとイノベーションを考える科目群。

❷「チームと組織におけるリーダーシップ」
起業を効果的に導く能力を開発する科目群。

未知の状況においてもアイディアをインパクトに変えられるような組織を構築・統括す

る力や、多様な視点をバランスよく取り入れたり、専門家を外部から引き入れたりする力などを育てる。

❸「体験的演習」

共通科目とほかの2領域を統合するようなプロジェクトに取り組む科目群。理論の応用なので、開講科目も実践的だ。「医療デバイスのデザイン」「グローバル・エンジニアリング」「モバイル・テクノロジーでのコミュニケーション」「ヴァーチャル・リアリティと体験型メディアの制作」などがある。

こうしたアントレプレナーシップ、つまり起業家精神を育てる授業は、科学者や技術開発者などがどの機関や研究所に属していようと、自ら課題を明確化し、それに必要な協力者・資源・財源を集め、実際に社会を変えていくようなリーダーシップの発揮が求められていることを意味する。

これまでの時代を牽引してきた従来の社会構造や産業構造が大きく変化し、新しい時代の節目を迎えているのは間違いない。今まで人類が経験したことのない未知の時代に入る、ともいわれている。

そんな時代には、自ら問い、従来は正解と思われていた目標やそこに至る手法も見直し、未来に必要なものをあらためて見極め、導いていく力が求められる。
そのとき、専門外からヒントが得られることは大いにありうるのだろう。

音楽は、「多様性」と「普遍性」を内包している

現代社会では多くのものがデータ化・視覚化され、この世界の多様性にも、自分の内なる多様性にも、気づきやすくなっている。

しかし多様性の中でも、何らかの共通項を見つけ、緩やかにつながっている感覚もある。

歴史学者ユヴァル・ノア・ハラリ氏によれば、歴史が統一性に向かうのか、多様性に向かうのかについて、物事の展開を数十年〜数百年単位で見ると判断が難しいが、数千年単位で見ると、歴史は確実に「統一」に向かって執拗に進み続けているのだそうだ（ユヴァル・ノア・ハラリ著、柴田裕之訳『サピエンス全史』上巻／河出書房新社／p206）。

小集団・小規模の社会から、いくつもの文化が解体・統合を続け、次第に大規模な社会へ、確かに世界は変化し続けてきた。

現代はグローバル社会といわれて久しいが、たとえば2020年初めから起きた新型コロナウィルスによる地球規模の騒動を考えると、グローバルな人間社会だけでなく、自然や動植物といった生態系すべてを含めた「地球」そのものに、人々の意識は向かうことを余儀な

くされているのかもしれない。

多様性を尊重しながらも、緩やかに意識の統一へ向かう道に、今は入っているのだろうか。意識だけではないかもしれないが……それは第7章にて触れたい。

いずれにしても、科学技術者たちが描く未来は、そうした多様性を受け入れながら共存していくことを、念頭に置くことが不可欠になるであろう。

音楽は、多様性そのものでありながら、人種や文化を超えた普遍性がある。

たとえ文化形態や音楽システムが異なっても、人類共通に理解できる基盤がある。

確かに見ず知らずの土地で民俗音楽や民謡を聴いたり、民謡をベースにした西洋音楽を聴いたりしたとき、なぜか懐かしい感情が呼び起こされたり、自分の故郷を思い出したりすることがある。

違っていても、どこかでつながっている。多様でありながら、緩やかに共感できる。

音楽はまさに、この有機的な世界を象徴しているようである。

未来を生きる世代に必要なこと③

枠の外に出る、未知の状況に向き合う

問題解決のヒントは、従来の思考の外にある

科学者やエンジニアたちは、未来を想像し、創造する。

未来とは今の延長とは限らず、今はまだ見えていない可能性や、不確実・不確定な要素も少なからず含んでいる。突発的に状況が変わることもある。

たとえば、それはまさに今かもしれない。2020年初頭より、新型コロナウィルスによる影響が世界規模で広がっているが、検査や予防法の開発、AIを駆使したデータ分析、通信手段の拡充化など、この時期を乗り越えるための新しいテクノロジーやサービスが生まれている。オンライン教育やリモートワークが一気に拡大したのもその1つだ。はなはだいたたまれない状況ではあるが、こうした従来の世界観の枠が外されたことが、あらゆる分野の知見が集結し、技術革新のきっかけになることもある。

これは特殊な例ではあるが、新たな課題はこうして従来のシステムや思考の外からやってくるのかもしれない。そのとき、問題解決のヒントも、従来の思考の外にあるのかもしれない。

人は本能的に安定を求める性質があり、積み重ねてきた経験を基に思考・行動をすることが多い。逆にいえば、そうした経験から生まれたバイアスによって、思考や行動が生まれる神経伝達物質の通り道（シナプス）の数が制限されるという。しかし本来はそれ以外にも多くの知覚の可能性がある。

その思い込みを外すことが、脳の「可能性の空間」を広げることになる、と神経科学者ロット氏は述べている（『脳は「ものの見方」で進化する』p222）。では、「可能性の空間」をどのように広げていけばいいのだろうか。

未知との出会いは、可能性を広げる

大学は、いってみれば**「可能性の空間」を広げる場**である。

総合大学ともなると、未知の学問領域に出会う機会も多い。自分の専門領域だけに限らず、多くの分野を並行して学ぶことによって、「可能性の空間」は果てしなく広がっていく。たとえば科学専攻の学生が、音楽や芸術を学ぶのも、未知への挑戦といえるだろう。コンピューターサイエンス専攻の学生が、演劇を学ぶことも新たな体験である。そして、「授業と授業の合間に作曲する」という数学&音楽専攻生のように、広がった空間内で創造活動がより活発になるようである。

また、このように「可能性の空間」を広げるだけではなく、複数の学問領域を俯瞰・統合する視点や、異分野で学んだ知識やエッセンスを専門領域に応用する力も大事だ。それができれば、未知の状況に遭遇したとき、それに向き合い、より柔軟に解決策を考えることができるだろう。

MITでは文字通り自分の枠から出て、積極的に異文化に触れることも推奨されている。MIT国際科学・テクノロジー・イニシアティブ（MISTI）では、毎年約1200名以上の学部生・大学院生を世界25か国に派遣している。彼らは国際的企業・学校・研究室でインターンとして従事したり、現地の高校や大学でSTEM教育を行ったり、学生起業案件でモバイルアプリケーション制作指導やテクノロジーを導入したり、企業やNGOなどで平和維持活動を促進するツールを開発したりしている。

日本への派遣プログラムも組まれており、これに関連する科目として、「東アジアの国際関係」「現代社会の中で日本を映像化する」「ジェンダーと日本のポピュラーカルチャー」「日本の文学と映画」「日本と韓国の映画」「日本の現代史・1600年から今日まで」「現代日本の政治と政策」などが開講されているので、事前に学ぶことができる。

こうした海外体験も、創造力に影響を与えている。異文化経験での知覚や、文化の多様性に触れると、他者に寛容になるだけでなく、「可能性の空間」の次元が上がり創造性が高まる、とロット氏は述べている。国境という物理的な枠を越えていくことで、自国で当然のように受容してきた文化や社会構造の固定観念や思い込みに気づき、ほかにも多様な可能性があることに気づくことができる。

そして、その要素を自国にもち帰り、統合させて新たな潮流を生み出すこともできる。別々の領域で知覚した、まったく関係のない2つの事柄が何らかのきっかけで結びついたとき、新しい発想が生まれるのだ。今や海外渡航や異文化体験は容易にできるようになった。読書や仮想空間での体験で済ませず、試行錯誤しながら実体験を積むことが、脳を最大に活性化させ、「可能性の空間」を大きく広げることになる。

音楽の中にある未知や神秘性

人は本能的に予測可能なことに安心感を覚えるが、意外な展開や驚きの効果も好む。

そもそも西洋音楽は緊張と解放でできており、予測不能な展開も多くある。

たとえば「調性音楽の作曲」の授業で扱ったシューマンの『子供のためのアルバム』から

抜粋された一曲は、まさに予想が覆されていく展開だ。

緊張がなかなか解放されずに続いていくことによって曖昧さや神秘性を強調するという、既存のセオリーを逆手に取った作品である。

答えの出ない問いを続けていくような、果てしない自問自答のような、作曲家自身を投影したような曲であり、それは公式にのっとって手順を踏めば正答にたどり着くような数学とは正反対である。

しかし、それこそがいかにも人間らしい部分なのだ。

学生たちもその「予想外の展開」「偶発性」「神秘性」に興味をもっていたようだ。まさに思考がぽんっと飛ぶ瞬間である。

人間の人間らしさがもっとも表れる音楽は、数字で端的に割り切れるのとは異なる世界観をもたらしてくれる。効率重視の科学技術にはない神秘性や不確実性を体感することで、「可能性の空間」を広げ、人間の潜在能力をさらに引き出すことができるだろう。

ちなみに、感情を司る脳の部位の動きに加え、社会脳ともいわれる前頭葉も、「予期と驚き、緊張と解放の経験を生み出す音楽の時間的変化によって活性化する」という。音楽教育を受けた人の脳の活動は、37％ほど高かった。脳梁（左右の半球の間の情報伝達を行う部位）が肥大化しているというのもうなずける（エレナ・マネス著、柏野牧夫監修、佐々木千恵訳『音楽と人間と宇宙』／ヤマハミュージックメディア／p108、112、125）。

MITは〝異なる分野での学び〟をどう生かしているのか

では、MITでは異なる分野での学びをどのように生かしているのだろうか？

全学共通必修科目では、人文学・芸術・社会科学の3分野をすべて1科目以上履修するほか、いずれかの分野内の1領域を集中的に学ぶように組まれている（3～4科目。音楽の場合は4科目）。教養の幅広さだけでなく、さらにもう一歩掘り下げることによって、専門外の領域からも普遍的な叡智を引き出す力が生まれよう。

違うものを「違う」と認識するのは比較的容易である。

しかし、**違うものの中に「同じ」ものを見出す**のには少しトレーニングがいるかもしれない。それができるようになると、異分野の中から同じ性質、思想、原理などを見出したり、異分野同士をつなげたりすることができる。

音楽学科テレサ・ネフ先生も、「MITの学生はつなげて考えるのが得意」という。音楽理論が得意な人も多いそうだが、それは専門分野で発揮されてきた数的法則性や科学の諸原理を理解したり察知したりする力が、音楽にも発揮されているからかもしれない（あるいはその逆もあり）。

比較考察の課題はそれを促してくれるだろう。

「西洋音楽史入門」「映画音楽」などの授業では、2人の作曲家、2つのコンサート、2つの映画作品を比較考察する課題がある。

両者にどのような共通点や相違点があるのか、相違の要因は何か――それらを紐解くことによっておのおののコアバリューをより精確かつ多角的に把握し、かつ、両者が共有する（またはしない）時代観や芸術思潮も見えてくるだろう。

また、個別・具体的事例から、共通する法則や理論を読み解く課題もある。「ハーモニーと対位法」は既存曲を用いて理論を学ぶという、授業の進め方そのものが帰納的である。担当するネイサン・ラム先生は、**「あるパターンを見つけ、そこからシンプルな体系や構造を導き出す」点に、音楽理論と数学の共通点がある**と指摘している。

また「20世紀音楽の作曲」では、20世紀の現代曲を分析し、そこから特徴的な音楽的要素を抽出し、自分の作品創造に生かすのであるが、これも帰納的である。

可能性をどんど広げていくのはいいが、それだけだと際限がなくなり、創造行為には結びつきにくい。**自在に広げた「可能性の空間」を、俯瞰的視点からまとめることによって、人は経験を知に変えていくことができる。広げた学びの中から取捨選択することによって、創造の1つのサイクルが完了すると**いうことだ。

未知の領域に踏み出し、新しい経験を経た上で、この普遍性を見出すことが、自分なりの経験知に変わることになるのではないだろうか。

未来を生きる世代に必要なこと④

「より大きな全体」を構想する

きっかけをもたらすのは〝人間の直感〟

昨今、各分野でパラダイムシフトが起きている。

たとえば医療であれば、「病気を治す」という対症療法から、「病気にかからない身体を作る」という予防医学への転換が提唱されている。また特に先進国での過度な二酸化炭素排出に警鐘が鳴らされ、持続可能なグリーンエネルギーへの代替や、二酸化炭素排出を軽減できる産業構造への転換が急務とされている。

ファッションやジュエリーの世界では、ただ美しいものを顧客や消費者に届けるだけではなく、鉱石や素材の調達方法や労働環境にも正しい倫理観を求める、エシカル・ファッション、エシカル・ジュエリーという概念が広まっている。

従来の産業構造に潜んでいた過度な負荷や歪みが可視化され、その全生産工程が明らかになりつつある今は、未来の社会にふさわしいあり方を再検討する時期にある。しかもそれは、地域限定的な社会や国家、あるいはグローバル社会というだけでもなく、人間、動植物、自然などすべての生態系を含む地球全体にとって、ふさわしい未来という意味である。

では、「より大きな全体」に気づくにはどうしたらいいのだろうか。

人間には、人や自然のわずかな変化に気づく優れた直感がある。全貌が見えなくとも、その一部から全体を類推するのだ。

たとえば古代ギリシアの数学者ピュタゴラスは、重量の異なる2つの金槌の音を聞いて1オクターブ（＝8度、周波数比1：2）を発見し、また5度（周波数比2：3）、4度（周波数比3：4）という簡単な整数比で表される音程を導き出したといわれる。それがピュタゴラス音階・音律の起源である。この世界に存在する絶対的な原理の1つを導いたきっかけは、人間の感覚だったのだ。

理論や法則というのは最初から存在しているわけではなく、それに気づく直感と、それを踏まえた仮説検証によって導き出されるものである。

もちろん真理にたどり着くまでに多くの思考錯誤や紆余曲折があり、真実ではないものがまかり通っていた時代もある。有名なところでは、紀元前より支持されてきた天動説であり、中世のキリスト教教理とも結びついて、厳然たる事実として受け入れられていた。

16世紀に地動説が出現し、さらにそれが定着する契機となったのは、科学の発達だった。まず誰かが現実と理論の差異に気づき、新たな仮説を打ち立て、正確な測量と分析を行うことによって、次第に対象の実態が明らかになり、新たな仮説が真実となっていく。真実を突きとめたのは科学だが、そのきっかけをもたらしたのは、何よりもやはり、人間の直感ではなかっただろうか。

それはデータ化社会となった今でも、変わりはないだろう。

しかし一方で、何かに気づく役割をAI（人工知能）も担うという未来もありそうだという説もある。

確かに、MIT音楽学科准教授マイケル・スコット・カスバート先生が考案・制作した楽譜検索ツール「music21」も、人間ではとうてい検索・感知しえない情報を引き出している（第4章コラム参照）。

ただ、最初にテーマや問いを投げかけるのも、引き出した情報を活用するのも、やはり人間である。

これはAIの進化度や精度と関わることかもしれないが、いずれにしても、人間がまず何らかの気づきを得て、仮説や目的に沿ってデータを集め、データ全体から傾向や法則性を読み解き、それを発信し、産業構造や社会・政治体制の変化へつなげていくこと。このプロセスは踏襲されるのだろう。

全体を見た上で、コンテクストを読み解く

ＭＩＴの授業には人文学・芸術科目だけに限らず、科学・工学・コンピューターサイエンスなどあらゆる分野の科目の中に、「コンテクスト・文脈を読み解く」というシチュエーションがある。

物事は1つの要因だけで合理的に成り立っているわけではなく、多くの複雑な要因や可視化されない動機を背景に含んでいることもある。これを読み解くには、「より大きな全体」を見る目を養うことが不可欠である。

音楽においても、全体を見ること、そして複雑な文脈や隠れた意図を読み解くことが求められる。そのためにはいくつかのプロセスを経る必要がある。

たとえば「西洋音楽史入門」で、まず時代・様式・形式などの歴史的変遷を大局的・体系的に学ぶ。その際に意識されているのは、上位クラスへ進んだとき、学んだ知識を生かして新しい曲を分析・創造できるようにするという点だ（学んだ楽曲を一曲一曲暗記するのではなく、流れや仕組みを理解すること）。

学びが進んだ段階の「調性音楽の作曲」「20世紀音楽の作曲」などの授業では、まず既存

の作品を分析し、どのような意図で書かれているのか、それがどのような音楽的要素に反映されているのかを読み解き、その上でオリジナルの作品を書く。その折、コンピューターサイエンス専攻の学生が優れた分析力を発揮していたのを思い出す。

担当のチャールズ・シャドル先生は、「重要なのは、このような複雑な曲を扱う場合、どのようにその曲にアプローチしたのかを語ること。〈この曲がどのように成り立っているのかすべてを理解したわけではないので、完全な答えではないが、私はこのような理論を使ってこの曲を分析してみました〉といってもよいのです」という。

さらに作曲のアドバンス・セミナーを担当する作曲家・音楽学科長キーリル・マカン先生は、「細かい情報よりも、作曲という創造的行為のプロセスについて、よりフォーカスするようになりました。音楽がどのように成り立っているのかを理解することが大事」という。

個別具体的な暗記力ではなく、全体から重要な流れや文脈を抽出する力、すなわち抽象的思考力が生かされている。

ちなみに、音楽のメロディを創るとき、脳では計画立案に関わる領域が活性化するそうだ（『音楽と人間と宇宙』p146）。こうした音楽の複層的な全体構造を理解し、構想する力は、創造力そのものである。

豊かな想像力と創造力が求められる時代には、今までとは脳の使い方も変わることが予想される。

文字や数は左脳の領域、音楽は主に右脳の領域である。左脳は順序よく論理的に物事を進めることを司り、現代に至るまで教育や就労においては左脳が重視されてきた。それは先の見える社会では確実に通用していた。

しかし今は、「どう社会を変えるのか」「どんな未来を創るのか」といった確たる答えのないビッグ・クエスチョンが我々に迫ってきており、今までにない発想やイノベーションを生む力、起業家精神などが求められている。つまり、右脳がより重視されるようになっている。

右脳は秩序だっていないが多くのイメージや音の可能性をもつ領域だ。暗記したものを素早く取り出す左脳的な問いではなく、**「なぜ」という右脳に訴えかけるような問いは、その問題の原点に立ち返らせ、そもそも何が問題なのかをあらためて問う。そこから全体を見直していく。**つまり大局的・複眼的視点をもつことを促されるのである。

そこに飛び込んでいくことは、「可能性の領域」への挑戦であり、恐れでもある。

しかしそこにこそ、新たな視座が見出せるかもしれない。MITが10年前から人文学や芸術の必修比率を上げたことは、単なる偶然ではないだろう。

右脳から左脳に問いかけ、左脳を使って構築する——まさに音楽創造はこのプロセスをたどる。そして、それは未来社会の創造にも生かされるのではないだろうか。

MITと社会が協働する「地球全体」をよくするプロジェクト

世界最高峰の科学技術系総合大学として、MITが見据えているのは、人類、世界、自然、地球の未来である。

その1つとして、2015年から「ソルヴ・グローバル・チャレンジ（Solve Global Challenges）」が進められている。毎年いくつかの社会問題を取り上げ、その解決策を全世界の社会起業家から募り、MIT内外の専門家による審査を経て選ばれた、優れた解決策やイノベーションに対して投資・支援するプロジェクトである。つまり、ソーシャル・インパクト・イノベーションを誘発する試みだ。2年間ですでに1200万ドルの資金調達を達成したというから、その注目度の高さがうかがえる。

2019年度のチャレンジは「コミュニティ・ドリヴン・イノベーション」「幼児の能力開発」「循環する経済」「健康的な街創り」の4つ。

たとえば「幼児の能力開発」では5歳以下の幼児の学習環境整備と認知スキル向上を通して、潜在能力の開発を目指す。その前提として、幼児期の成育不全が後に不平等と経済的成長の失速を引き起こすことへの問題意識が挙げられている。

全世界の約2億5000万人の幼児が、貧困、初期刺激の不足、学習機会の損失、栄養失調、暴力やネグレクトなどによって、十分に成育できていないという。その場合、成長した後に身体面・精神面・行動面においてさまざまな問題を引き起こす可能性がある。

子どもたちは十分な栄養や、安心できる家庭環境、社会的・身体的探索の機会、遊びを通じての認知刺激、反応のよい保護者とのコミュニケーションなどによって、十分な発育が可能となる。そこで、テクノロジーを用いたソリューションを図る、というものである。

2月末日から7月1日まで募集、9月のニューヨークでの国連総会期間中に審査が行われ、選出された解決チームには1万ドルが授与され、また特別賞と賞金（AIイノベーション賞や女性のためのイノベーション賞、ベンチャー賞、ドバイ幼児能力開発賞）も授与された。ファイナリストに選ばれたチームは7つ。一部をご紹介する。

★さまざまな遊びや動きを取り入れたオンラインのラーニングゲーム（Kinems）。

★乳児死亡率世界3位のナイジェリアで、妊婦または出産後の母親が、医療や子育て専門家にリアルタイムで質問したり、SNS、電話、携帯アプリ、ウェブポータルでさまざまな育児関連情報を得たりできるサービス（Babymigo）。

★さまざまな弊害につながる子どもの睡眠障害などを改善するべく、児童行動学・児童心理学・言語病理学などの専門家による処方を、AIを用いて大幅効率化を図りつつ作成し、各家庭の課題に対応していくサービス（Huckleberry）などがある。これは今後、子どもの食事・行動・言語の発達などに活用範囲を広げていくことが期待されている。

なお、このイニシアティブのコアバリューとして、次の5つが挙げられている。「楽観的（解決できない問題はない）」「パートナーシップ（1人または一企業で解決できる問題はない。パートナーシップによって進歩する）」「オープン・イノベーション（優れた才能やアイディアはどこにでもある。それを見つけて支援したい）」「人中心の解決（解決策は人から始まり、人に終わる。設計対象となる人々を巻き込むこと）」「インクルーシブ・テクノロジー（すべての人々に機会を創り出すために、テクノロジーは経済的・文化的・社会的障害に働きかけるべきである）」

ここにもMITの理念がよく表れている。

またグローバルスケールでの共同研究も盛んである。

2019年にはスウェーデン王立テクノロジー・インスティテュートと都市計画・開発分野で提携することを決め、AI（人工知能）やビッグデータ、新しいセンサーテクノロジーを駆使して、より住みやすく持続可能な都市圏構築を推進する。以後5年間にわたり、ストックホルムは同研究対象となる。

また第5章でご紹介したように、音楽・芸術分野でも社会の諸問題に向き合うプロジェクトが展開されている。ＭＩＴアート・科学・テクノロジーセンター（ＣＡＳＴ）では、難民キャンプにアートを取り入れた、ＶＲを用いて「目の前に敵だと思う人間を登場させ、相手を1人の人間と見なして向き合う」などのプロジェクトがある。これらは「コミュニティを人間らしくするための試み」であり、「より大きな全体」（エヴァン・ジポリン先生談）に働きかけるものである。

また2012年には「アラブの春」というテーマでフォーラム＆コンサートが行われた。音楽学科フレデリック・ハリス先生によれば、2010年から続いたアラブの民主化運動についての知見を得たいという希望からこのイベントを企画し、ＭＩＴ卒業生で作曲家のジャムシード・シャリフィ氏に曲を委嘱。アラブ独特の響きを取り入れた全3楽章の曲が完成し、ＭＩＴ吹奏楽団によって初演された。分断された意識や人をつなげ、未来へ希望を託す。音楽がそんなソフトパワーとしての役割を果たした例である。

MITメディアラボ副所長・石井裕先生より未来を生きる世代へ

インタビュー

今我々は、地球規模で未来を考える時代にいる。

ではどのように未来について考え、どう未来にアプローチすればいいのだろうか。

その最先端を牽引してきたのが、世界的に有名なMITメディア・ラボである。

1985年に計算機科学者で『ビーイング・デジタル』著者でもあるニコラス・ネグロポンテ氏によって創設されて以来、さまざまな学際的な研究が行われてきた。

現在、同ラボ副所長を務めているのが石井裕教授である。

石井先生はヒューマン・コンピューター・インターフェースの研究に長年携わり、デジタル情報に物理的な形状を与える「タンジブル」（＊直訳は触知できる、実在するという意味）という概念を提唱し、その名を冠したタンジブル・メディア・グループを率いている。

我々の身の回りにフィジカルに存在しているものがデジタル情報に、また、デジタル情報がフィジカルに感知できるものになる――これはキーボードやマウスを使ってコンピューターを操作したり、画面上のピクセルで構成されるヴァーチャル・リアリティとは逆の概念である。

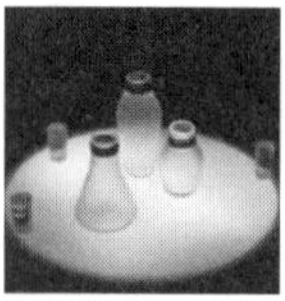

musicBottles©
Tangible Media Group,
MIT Media lab

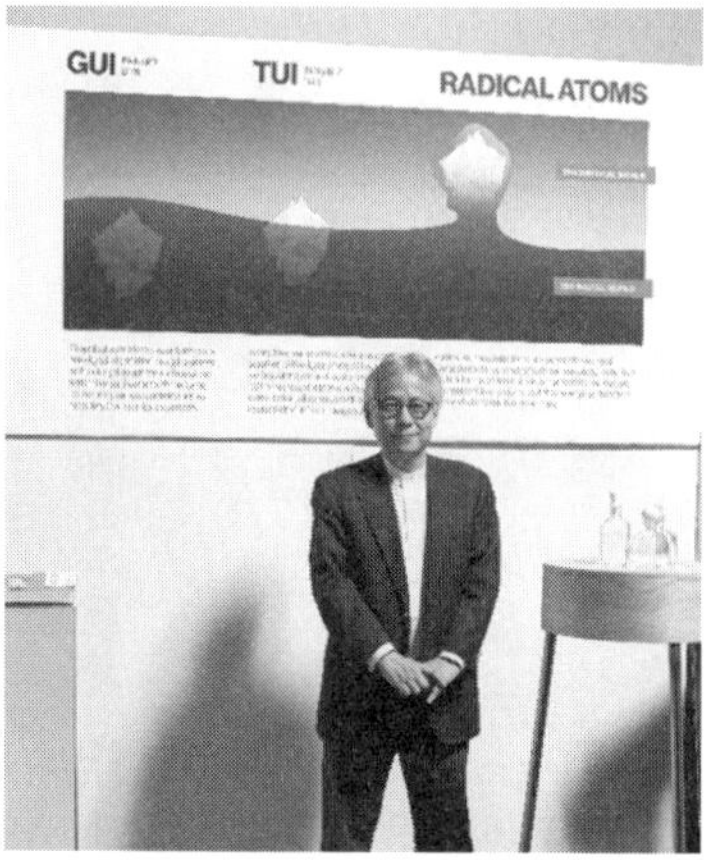

石井裕先生と musicBottles © Mattia Balsamini

石井先生率いるタンジブル・メディア・グループは、これまでさまざまな研究開発を手がけており、その中には音楽やアートに直接関わるプロジェクトが数多くある。

たとえば『ミュージックボトルズ musicBottles』（1997〜2000年）はステージの上のガラス瓶のふたを取るとヴァイオリン、チェロ、ピアノの音がそれぞれ鳴り、エドゥアール・ラロのピアノ三重奏曲Op.7が奏でられるしくみだ。音によってステージの色も変化する。

『I／Oブラシ I/O Brush』（2004年）はそのブラシで触れた物体の色彩・テクスチャ・動きを〝インク〟としてコピーし、そのインクを使って、コンピューター画面上に絵を描くことができる。

『ミラー・フーガ MirrorFugueI, II』（2009年〜2011年）は、ピアノ演奏中の打鍵と上半身の動きを記憶し、自動演奏機能とプロジェクション・マッピング（鍵盤上に指の映像、譜面台パネルに上半身の映像）によって演奏を再現することができる（YAMAHA Disclavier使用）。

物体にデジタル情報が付加されることで、まるで温もりや懐かしい記憶をもった存在に変化し、人と物の間に新たな関係性が築かれる。デジタルでありながら、とてもエモーショナルなのである。

これらがどのような動機で生まれたのかといえば、とても人間らしい感情や問いがそこにあった。

『ミュージックボトルズ』は、ガラス瓶という日常生活の中にあるものをデジタル情報にアクセスできるインターフェースへ変換させる発想と、「亡き母に贈りたかった天気予報の小瓶の夢」という石井教授ご自身の私的な思いが融合し、瓶のふたを開くと音楽が奏でられるという詩的なインスタレーション作品へと昇華した。

『ミラー・フーガI、II』は同グループメンバーであり開発者の1人シャオ・シャオさんが、従来のピアノ教育に対する疑問を基に、「音楽教育の本質とはどうあるべきか」を問い直すことから始まっている。その結果、優れた演奏家のリズム感、呼

I/O Brush© Tangible Media Group, MIT Media lab

MirrorFugue© Tangible Media Group, MIT Media lab

吸、フレージングといった身体知をデジタル情報に変換し、学習者がそれを模倣することによって質のよい耳・身体・想像力（内的な耳）を育むことができる、というプロジェクトに結実した。

こうして生まれたアイディアや技術は、当初の目的を満たすだけでなく、分野を超えて応用されていく。

たとえば『ミュージックボトルズ』は医療分野に転用され、患者ごとの薬の服用パターン（薬瓶の開閉）をセンシングし、そのデータを医師に送信できる「オーグメンティッド・メディカル・ボトルズ」として商用化されたそうだ。

『I／Oブラシ』は物体の色彩や質感などのインクとしての利用を通して、作品に使われた素材のオリジンを想像する力がつくと期待されている。MITメディアラボでは、この関連技術を使った幼児向け教育ツールがほかにも開発されている。

また『ミラー・フーガ』ではその新たな楽器習得プロセスを、「視察・観察（Inspect）」→「体現・具象化（Embody）」→「発明（Invent）」という一般的概念に置き替え、絵画、舞踊、料理などの習得プロセスにも応用できるとしている。

さらに遠方に住む先生のレッスンを受けたり、その場にいない友人や過去の自分と共演するなど、地理的・時間的制約を超えた新しい音楽の楽しみ方を提案している。なお第3段階の「発明」の真意として、内なる耳を養うこと、効果の高い練習方法を発案すること、音楽を通して〝語る〟ことなど、想像力の発達を意図していることにも注目したい。

この「タンジブル・メディア・グループ」を率いる石井裕先生に、新たなビジョンをどう描くのか、なぜアートが必要なのか、また未来世代の若者へメッセージをお伺いした（講演&インタビューより）。

心から喜べるものの発明が、多くの共感を呼ぶ

私は、〝Invent（独創的なアイディアを生み出すこと）〟と〝Inspire（人にインスピレーションを与えること）〟を日々追究しています。

アラン・ケイ（科学者、1960年代にパーソナル・コンピューター概念を提唱）はつねづね、未来は予測するものではなく、自ら創造するものだと説いていました。もし自分が心から喜べるものを発明できれば、それを家族や友人知人にシェアしたくなりますね。それが結果として多くの人の共鳴を呼び、未来のメインストリームになっていくのです。

マーケティングや消費動向予測などをしてもよいですが、人々のニーズは刻々と変化し、テクノロジーはほぼ一年で忘れ去られてしまいます。でも「音楽が好き」ということは決して変わりません。人々の感性にどう共鳴させるかが大切です。

また新しいビジョンを描く際、世界に向けてどのようにそれをコミュニケーションをするかが重要です。クリエイティブな人々、特に子どもたちにどのように喜んでもらうかを考えます。

たとえばI／Oブラシをもった子どもたちはとても楽しそうですよね。アーティスティック（芸術的）であり、かつアナリティック（分析的）であること、そしてポエティック（詩的）でありかつ、プラグマティック（実用的）であることを心がけています。

皆さんにはぜひ「芸術家」「デザイナー」「科学者」「技術者」などのラベルを貼らず、「星を見る人」（空想家）になっていただきたいです。そして、アイディアが湧いてきたらそれを多次元に通訳する、すなわち言語化・視覚化を通して、アート、デザイン、科学、テクノロジー、すべての次元に変換・通訳できるようになっていただきたい。

なぜアートが必要なのか？

新たなビジョンを体現するためには科学、デザイン、テクノロジーなどが必要ですが、私のインスピレーションの源泉はアートです。アートは新たな問いを投げかけてくれるのです。

皆人間ですから、喜んだり、悲しんだり、何かに憤ったりするわけですが、そうした感情のエネルギーが芸術的表現への原動力になります。

私は母を亡くした後、とても寂しく恋しい気持ちを味わい、それが『ミュージックボトルズ』という作品につながりました。

私は詩や俳句も好きで、とくに宮沢賢治の詩『永訣の朝』（詩集『春と修羅』より）に心が動かされます。俳句や短歌は複雑で深遠な思いを17文字、31文字に凝集して表現し、読者に想像力を駆使してその時間・行間を読むことを促してくれます。これが本物のアートだと思います。

今日私たちが見ている2K、4K、8Kのテレビスクリーンは、高精細ピクセルに完全に埋め尽くされており、想像力を働かせて空白を埋める余地がありません。空っぽの空間がないのです。

これではおもしろくない。

余白が隣の文字を際立たせるように、沈黙があるからこそ、我々が言ったことや言おうとしていることに、考えをおよばせてくれるのです。禅の思想に近いですね。ですから私はインスピレーションの源を得るために、詩を詠んだり書いたりします。

すべてのことは偶然起きているのではなく、何かの意味がエンコードされていると仮定し、それをデコード（解読）する訓練を自分に課してきました。たとえば、私は電車に乗った瞬間に車内吊広告を見て、「なぜ今この文字が目に入ってくるんだろう……」と考えます。

周りで起きている「現象」を想像力豊かに解読し、込められているメッセージを推察する。するとさまざまなアイディアが生まれてくるのです。

未来を生きる世代に必要な3つの力とは

若い世代の方々には、ぜひこの3つの力を贈りたいと思います。

まず1つ目は「出杭力（突出する力）」です。杭が出るとハンマーで叩かれますが、はるかに抜きんでた杭は叩かれません。これは若い人にとって大事なことだと思います。

そして2つ目に「道程力（道を切り開く力）」。新しい環境に飛び込み、新しいことを始めようとすると、究極の孤独を味わうかもしれません。しかし高村光太郎の詩のように、「僕の前に道はない。僕の後ろに道は出来る」。ぜひ新しい道を切り開いていただきたいですね。

最後に「造山力（海抜ゼロメートルから山を造り上げ、頂点を征服し、他者を招き寄せる力）」。

私自身、ニコラス・ネグロポンテとアラン・ケイにヘッドハンティングされた当初（1994年）、高くそびえる山を登らなければならない、と思っていました。

しかしそれは完全に間違いでした。MITでは自分自身がゼロから山を造り、頂点を征服し、次に続く人々を招き入れること。それが生き残る唯一の道だったのです。

未来はこの先、100年、200年……と続いていくものです。

私たちの代で終わるわけではありません。では200年後にどのように記憶されたいでしょうか。あなたのレガシー（遺産）は何でしょうか。これは私自身や私の仲間に、毎日のように問いかけていることです。私たちは、遠い人類の未来に責任を負っているのです。テクノロジーは廃れていきますが、真のビジョンは永続します。

私のヒーローであるダグラス・エンゲルバート（グループによる知的能力の拡張）やマーク・ワイザー（ユビキタス・コンピューティングの創始者）などは、彼らの思想や哲学が、彼ら自身の人生より長く残っています。だから私も、遠い未来に向けて、MITでの活動に力を注いでいるのです。

私の研究室には多くの研究生や学生から応募がきます（1～2名の採用に対して、300名ほどの応募）。皆コンピューター操作能力も高く、物事を鋭く観察したり物創りに必要なスキルも兼ね備えています。また多言語話者でもあります。

そこで大事なのは、「何を創造したいのか」「それはなぜ重要なのか」といった本質的な問いにきちんと答えられる哲学や情熱ももち合わせているかですね。

私たちの存在理由、そして未来の世代に遺したいもの――それらを自信をもって提案し、創造できる力なのです。

〈参考〉Hiroshi Ishii, Ali Mazalek, and Jay Lee "Bottles as a Minimal Interface to Access Digital Information" / Kimiko Ryokai, Stefan Marti and Hiroshi Ishii "I/O Brush: Drawing with Everyday Objects as Ink" / Xiao Xiao and Hiroshi Ishii "Inspect, Embody, Invent: A Design Framework for Music Learning and Beyond"

第6章 PLAYLIST

〈インタビュー：MITメディアラボ副所長・石井裕先生より未来を生きる世代へ〉

エドゥアール・ラロ　ピアノ三重奏曲 Op. 7

第7章

「いま・ここ」と「はるか未来」を見据えて

第7章概要

「いま・ここ」と「はるか未来」を見据えて

創造に向かう、その端緒となるのは「いま・ここ」である。

創造とは、過去に学んだ上で過去にはない未来を創り出すことである。過去から今まで続いてきたストーリーの延長ではなく、今を起点とした未来。

過去にあったもの、所有していたものは、本当に大事なものなのか？　手放していいものは何か？　未来に残すべきものは何なのか？　それは誰のため、何のため？

人類が誕生してから、人間を取り巻く環境は劇的に変化してきた。人間の生理的・物質的欲求や精神的充実を満たすために生まれたものも多いが、過去の遺産の中には正負ある。高度にＩＴ化された社会、効率化された産業や工業、社会システムのおかげで劇的に便利になった日常生活の一方で、地球環境汚染といった負の遺産もある。環境破壊の深刻化により、今まで高度産業社会の恩恵に与ってきた人間の暮らしそのものが危機にさらされている。未来の社会を考えるとき、過去の延長ではもはや考えられないだろう。

それは新型コロナウィルス騒動による影響もある。図らずも、過去と現在の時間軸が分断されたことによって、勤務・労働のあり方、教育の受け方、また人生との向き合い方も変化を余儀なくされている。

一方では、あらゆるコミュニケーションがオンライン化される中、1人1人が自分の個性や潜在能力に気づき始めている。

実際に、自分にはどんな能力があり、どんな知恵や技術、サービスが提供できるのかを考え、発信する人が増え、特に若い世代はソーシャル・ネットワークをはじめとしたプラットフォームの活用に慣れており、自分のアイディアや能力を発信することを自然に行う人も多い。それぞれの社会貢献が始まりつつあるのだ。すでに、次の世界の創造が始まっていると考えてよいだろう。

では、もし1人1人が創造の担い手になるのであれば、我々には何が必要なのだろうか。

さらに今、「人類はAIと共生できるのか」「どうしたら人間は幸福になれるのか」「100年後の地球をどうしたらいいのか」「地球だけでいいのか」「人類はあり続けるのか」――といったビッグ・クエスチョンもまた、突きつけられている。

これに、未来を生きる世代はどう答えていくのか？

これらの問いについても音楽から学べることは少なくない。

本書の最後に、音楽と創造の接点において、

①観察と発見
②物語の想像
③意識の成長
④愛

の４つの視点から考えてみたい。

1人1人が創造者となるために①

観察と発見～「いま・ここ」の表層から深層へ

創造にとって不可欠なこととは

近年、科学の発達によって、表層には見えないものが遺伝子レベルで明らかになってきている。それも生態系全体でである。

たとえば古代の人々は自然や植物にも知性や魂があると考えていたが、実はその考えは間違いでない、ということが近年証明されてきている。植物にも知能があるとする学説で、その先鞭をつけたのは、進化論で知られる19世紀の自然科学者チャールズ・ダーウィンである。ダーウィンは、植物の根端にはたくさんの感受性があるということを実験結果から導き出している。

ただ当時は受け入れられず、多くの批判にさらされた。それから100年以上経った現在は、植物ニューロバイオロジーという学問領域が確立されているそうである。

これまで人間は、自分と姿形が同じものしか同等の知能であると見なすことはなかった。それ以外の動物に対して、そしてまた形態のまったく異なる植物に対して知能を認めるということは、人間が当然視してきた生態系のヒエラルキーを根本から見直すことになる。

だが、それによって、姿形・外見からは捉えることのできない価値や美しさを見出したり、長期的視点で生態系の生命サイクルを考えたりすることにもなる。

表層からは見えない深層を見抜くことは、人間の知性や感性にとって、大きな進歩なのかもしれない。そしてそれは、音楽家や芸術家が追究し続けてきたことでもある。

深層や構造、しくみを見抜くことは、創造にとって不可欠である。

宇宙のしくみを解明した物理学者スティーヴン・ホーキングは、もののしくみを明らかにすることに子どもの頃から興味があったそうだ。彼はまた、アインシュタインにはうわべをめくったその下にある構造を見抜く力があり、その類まれな想像力をもって、どんなに馬鹿げて見えるアイディアも徹底的に突き詰める勇気があったと讃えている。（スティーヴン・ホーキング著、青木薫訳『ビッグ・クエスチョン――人類の難問に答えよう』／ＮＨＫ出版／ｐ２１６）

感受性は観察力から生まれる

「いま・ここ」にあるものの奥に何を見るか、その先にどんな世界を見るか――。見えるもの、聞こえるものは、「いま・ここ」にいる自分と世界を結びつける接点である。たとえばお湯を沸かす音、鳥の声、小川のせせらぎ、風が樹木の葉を揺らす音、足が土を踏みしめる音、誰かが話す声、ふと聞こえてくる楽器の音……。あるいは、自分の心臓の音、自問自答する自分の内なる声……。

その音を奥深く掘り下げていけば、音楽にも、心理学にも、物理学にもなるのだろう。考えてみれば、作曲家たちはそんな自然界の音や自分の内なる声に従って、音楽を書いたのである。それは、その奥に深く広大な世界を見出したからではないだろうか。自分や他者の心を敏感に感じ、自然や環境を感じ取る――感受性は観察力でもある。

たとえばストラヴィンスキーは透徹した観察力のもち主であった。出会ったもの、聞こえてきたものに注意を傾け、学び取った。

また古今東西のあらゆる音楽や文芸に触れ、多様な音楽体験を試みた。新しい楽器を見つければ、それをすぐに入手し、作曲に用いた。また音楽以外の分野にも精通していた。万葉集や古今和歌集の歌にも。それらが彼の頭の中に蓄積され、融合し、あるときにふと何かを発見するのだ。「本当の創造家は、つねに自分の周囲に、もっともありふれた、もっとも慎ましい事物のなかに注目に値する要素を見出すことで、そうと見分けられるのです。（中略）もっとも些細な偶発事が彼を引きとめ、彼の仕事を導いていきます」（イーゴリ・ストラヴィンスキー著、笠羽映子訳『音楽の詩学』／未來社／p52）

ストラヴィンスキーにとってのインスピレーションとは、「気づくこと」であった。「『春の祭典』ではどのような種類のシステムにも従わなかった。（中略）自分の耳だけが頼りであった。私はよく聴き、そしてまさに聞こえてきたものを書いたのである」（ヴォルフガング・デームリング著、長木誠司訳『〈大作曲家〉ストラヴィンスキー』／音楽之友社／p56）

バルトークも徹底した観察者であり研究者であった。

彼はあるとき、トランシルヴァニア地方出身の使用人が歌う民謡を耳にして強く興味をもった。このたった1曲が、果てしなく広がりゆく民俗音楽研究への扉だったのだ。彼は録音機を担いで農村から農村へ訪ね歩き、古くから農民に伝わる民謡を採集した。それはハンガリー、ルーマニア、スロバキア、トルコなど広域にわたり、合計２７００曲以上の民謡を採集・記譜した。

そしてほかの研究者の採集分も含め（ハンガリー民謡の体系的研究は１８９８年にヴィカ

ール・ベーラから始まり、後にバルトークやコダーイ・ゾルターンなどが引き継いで、合計1万1000曲が採集された）、カテゴリー別に分類し、民謡伝承の歴史的経緯を考察したのだった。

またそれぞれに、民謡独自の旋律やリズムを生かしながらアレンジしたピアノ曲集『子供のために』、ルーマニア民族舞曲など、独創的な曲を多く書いた。徹底した観察力、客観的な取材力、データ収集力、分析力など、客観的事実を見ることとそのものの独創性を教えてくれる。

ベートーヴェンはいつでも自分と世界の接点で、感じ、考え、悩み、喜び、怒り、骨の髄までそうした感情を味わっていたことだろう。

交響曲第5番『運命』（第2章既出）冒頭の有名なモティーフは「運命の動機」といわれるが、運命が扉を叩いたかどうかはさておき、ベートーヴェンの激情がそのまま伝わってくるようである。

また「私は一人の人間を愛する以上に一本の樹木を愛する」（ロマン・ロラン著、青木およひ訳『ベートーヴェンの生涯』／平凡社／p58）と語っているように、自然を愛し、森を散歩しながらさまざまなインスピレーションを受け取っていた。交響曲第6番『田園』には自然のさまざまな表情や田園風景の人々が描かれているが、それは彼の内なる心像風景のようにも感じられる。

晩年期に書いた交響曲第9番（第九）では、個人を超越して、全人類へ向けた理念が解き放たれる。それは青年時代の出来事から始まっていた。ベートーヴェンは18歳の頃に勃発したフランス革命の自由・共和主義に大いに共鳴し、同じ頃ボン大学の授業で紹介されたフリードリヒ・フォン・シラーの詩「歓喜に寄す」に心を震わせた。もう王侯貴族が支配する社会ではない、1人1人が平等に自立する新しい時代なのだと。

その理念はさまざまな作品の端々にも刻まれているが、約35年後、シラーの詩とともにその思想の集大成が交響曲第9番に永遠に刻まれることになる。初めての出会いから音楽へと昇華されるまでの30数年の間に、ベートーヴェン自身が自由主義の思想を象徴する存在になっていた。さまざまな試練や葛藤から逃げることなく立ち向かい、強い生命力と創造力をもって乗り越え、ついには理念を体現させたのである。

「いま・ここ」で起きていることに目と耳と心を向け、その上で理想へ向かう強さが、あの壮大な作品の数々を生み出したのだといえよう。

自分の内側を見ること、自分を取り巻く自然を見ること。よく観察するということは、気づきに至る第一歩である。

見る・聴く・触れる・味わう・嗅ぐ、すなわち五感をしっかり生かして「いま・ここ」を感じること。ぐっと近づいたり、思いきり離れたりしながら、対象を複眼的に感じ取ること。

体感することである。

表層からは見えない、その奥に広がる豊かな世界を感じること、その深層を支えるしくみや原理に気づく繊細さと想像力。それは、音楽でも科学でも同じなのかもしれない。

1人1人が創造者となるために②

物語の想像～どこまで進めるのか？　進めていいのか？

創造の推進力と、倫理の内省力

科学やテクノロジーは多くのものを生み出し、人間生活を便利にしてくれた。と同時に、人類はかつて経験したことのない諸問題にも直面している。過去の負の遺産として、深刻な気候変動や地球温暖化があり、その対策として工業、産業、社会インフラの抜本的見直しや、徹底したサステイナビリティ（持続可能性）が求められている。

その一方で、遺伝子操作技術の開発、超人の開発、宇宙移住の模索、ＡＩを用いた無人兵器開発、個人データ収集・解析やセキュリティカメラ設置による超監視社会など、人知を超えた領域へ踏み出そうとしている。

果たして人間はどこまで新たな地平を求めるのか（創造）？

一方で、人間はどこまで許容していいのか（倫理）？

人間の過去の行為がどのような帰結を迎えるのか、たとえば地球環境破壊はその一例である。

人間の創造的活動がもたらす正と負の遺産を、半世紀前の人々はそれほど意識していなかったかもしれない。あるいは隠されていたかもしれない。地球環境破壊のように大規模で影響が多岐にわたる場合、その全容を把握し、原因を特定し、改善策を探り、実行し、その結果を見届けるのに、おそらく100年単位での時間が必要なのだろう。

ただ、物事の全容が解明されてきた今、次なる創造活動が始まるときには、正と負の影響を考慮した上で、どこまで創造の翼を広げるのか、どこまで創造を許容するのかを考えるべきなのだ。まして今、人間は遺伝子や身体、知能を操作し、人間以上の存在を創り出そうとしている。人間の欲望はとどまるところを知らず、いずれ現在の倫理観を越えていくだろうともいわれている。また、生み出された技術をどう扱うか、どう生かすかは、我々を含む第三者にゆだねられている。

ここで大切になるのは、調和と共存の感覚である。ただ短絡的で刹那的に欲望を充たすためではなく、それが全体にとって、未来にとって、どんな意味があるのか、長期的な視点に立って考えること。サステイナブルな社会を考えること。それは、物語（ナラティブ）を考えることと似ている。これは高度な知性である。

サスティナビリティについてMITの考え方とは

サスティナビリティ（持続可能性）は世界中の、そしてMITにとっても重要な関心事である。「我々の時代において最大のチャレンジは、全人類のために持続可能な未来をいかに築くかです」とラファエル・ライフ学長は述べている。

MITでは近年、「環境&サスティナビリティ」の副専攻が設置された。必修科目を21単位分「人類と地球――環境ガバナンスと科学」「人類と地球――環境の歴史と工学」（開講されない年度は代替科目あり）と、選択科目3～4科目（36単位分以上）で構成される。

科目は学際的で、人文系の科目もある。100年、200年……という長い時間を経て、さまざまな原因と結果、功と罪、正と負などが解明されてきている今、その知見を科学教育に取り入れているのである。つまり倫理や哲学である。

たとえば「エネルギーの哲学的歴史」では19世紀におけるエネルギーの概念を哲学的・歴史的観点から学び、今世紀まで続く哲学的・科学的問題について考察する。プラトン、アリストテレス、ベーコン、デカルト、ライプニッツ、カント、ヘーゲルなどをカバーする。

「リスクとともに生きる――テクノロジー時代における脅威・事故・災害」では、複雑な科学技術システムの分析フレームワークを学び、またそれらが時折引き起こす不具合や故障例などのケーススタディを行う。

「気候変動の倫理」では、化石燃料消費による気候変動が引き起こす諸問題や倫理的問題、各国政府や個人の義務、不確実性に向き合う難しさ、未来世代の倫理などについて問う。

「テラスコープ・ラジオ」では科学技術系の複雑な情報を一般聴衆に伝えるための表現・コミュニケーション手段として、ラジオ向けの情報収集・編集・ナレーションなどを実践的に学ぶ。

（これらの科目紹介ページには、国連が提唱する17分野にわたるＳＤＧｓ［持続可能な開発目標］のうち、該当するロゴマークが表示されている）

いずれも大局的視座と長期的視野に基づいた問題提起と考察が行われている。


地球という物語には、長い時間軸が存在する。その物語は誰が創造し、牽引し、どう変容してきたのか。未来の創造者への教育に、こうした倫理や哲学が含まれることはもはや不可欠だろう。物語を創ることも、膨らませることも、軌道に戻すこともできるのだから。

誰もが創造者の1人として、物語の展開に関わる時代

音楽は、まさに物語（ナラティブ）である。その物語は何かをきっかけに始まり、展開し、いつかどこかに帰結する。作曲家によって物語の創り方や語り口（ストーリーテリング）が異なるが、それは彼らがどのような視座をもっているかを教えてくれる。

ベートーヴェンは短いモティーフを核として発展させながら、壮大な物語を構築した。たとえばピアノソナタ第23番「熱情」Op.57のモティーフは、第1音（ド）から5度下行した（ファ）後に、2オクターブ上行し（ファ）、また少し下行して1オクターブ上のドで落ち着く。このモティーフそのものが勢いよく上昇するエネルギーと付点リズムからなる推力をはらんでおり、物事を展開させていく力に満ちている。

第2テーマでは上行した後に下行するフレーズが登場し、溢れんばかりの情熱を少し冷静に見つめ、気持ちを静めるような雰囲気に包まれる。曲全体としては上へ上へ、前へ前へと突き進むような情熱が支配しているが、最後は静謐の中で終える。その余韻を残しつつ、内省的な第2楽章へと進み、第3楽章は吹っきれたように断固とした意志をもって締めくくられる。

この作品全体を見ると、1人の人間の溢れんばかりの情熱から始まり、心の安らぎ、葛藤、

内的な思索、力強い意志による完結まで、壮大な魂の成長を物語っているようだ。どれも人間が普遍的にもつ感情であり、その物語に聴き手自身を重ね合わせる人も多いだろう。

なお第1楽章はソナタ形式で、主題の提示―展開部―再現部―終結部という原理に概ねのっとっている。これは物語の展開方法で、いわゆる起承転結と考えればわかりやすいだろうか。第1楽章では、起にあたる主題は高いエネルギーを内包し、承・転にあたる部分ではそのエネルギーが安寧と激情の間を駆け巡る。そして、意外にも結ではエネルギーを静かに収めている。しかしそれは第2楽章での深遠なる思索と、さらに第3楽章でのエネルギーの爆発的な再燃までをも想定していることが見て取れる。

つまりベートーヴェンは物語の最初から最後までを想像した上で、この物語を語り始めているのである。

実際の世界では、このような起承転結が明確な物語のように進むことは少ない。まして現在進行形の出来事は、その全貌はもちろんのこと、向かう方向すら曖昧であったり、複層的で絶えず変容したりしている。まるで刻々と変化する人の心のように。

シューマンで考えてみよう。

シューマンは心の感じるままに、心の移ろうままに音楽を進めていく。たとえば『子供のためのアルバム』（第3章既出）では意外な転調を繰り返し、予想通りにはいかない複雑で曖昧な心理を感じさせる。また『森の情景』の第7曲「予言の鳥」では、鳥のさえずりに天界からのメッセージを感じたのか、鳥の声の模写ではなく、その神秘性を象徴的に表現している。ハーモニー的な緊張や転調が続き、なかなか主和音に解決しないこの曲は、作曲家自身の心のあり様のようだ。そして、ささやかな疑問と神秘のヴェールをまとったままふっと終わる。

自分自身と――自分の中にいる他者も含めて――いつでも対話し、揺れ動いているのもシューマンだ。『幻想小曲集』の第3曲「なぜに」では、なぜに？と自問自答を繰り返す内なる心がそのまま音楽になっている。

『ダヴィッド同盟舞曲集』では、陽気で快活なフロレスタンと思索的なオイゼビウスという2人の架空人物を登場させ、1曲ずつ対話形式で進められるが、これはシューマン自身の中にいる2つの対極的な性格だとされている。

詩人ハインリヒ・ハイネの詩に曲をつけた連作歌曲『詩人の恋』（第2章既出）では、初々しい恋心、切なさ、激情など、さまざまな感情に心を揺さぶられる。このように心をさらけ出し、自己と対話しながら人生の行方を探っていくのが、シューマンの物語ではないだろうか。

長い時間の間に、物語には当初予期していなかった要素が入り込み、思わぬ方向に進むことがある。時には誰かの強い野心や支配欲などによって、物語が歪められてしまうこともあるかもしれない。そんなとき、何が起きるのだろうか。

モーリス・ラヴェルの管弦楽曲およびピアノ曲『ラ・ヴァルス』は、予想を覆すスリルに満ちた物語である。

冒頭は地底を這うような低音で始まるが、それもつかの間、ワルツの心地よいリズムと華麗な装飾音に彩られた音色がきらびやかな物語を演出する。まるで宮廷の舞踏会のように。しかしラストに向かうにつれ、冒頭のような不穏さが蘇る。暗黒の世界に突き進んでいくように、リズムやメロディは分断され、テンポも上がり、最後はいきなりすべてが断ち切られる。

実は、ラヴェルはこの作品を特に好んでいたという。「なぜなら、これは悪魔のダンスだからだ。（中略）悪魔の役割とはわれわれに芸当をさせる、つまり人間的なダンスをさせることなのだが、人間のほうも悪魔にお返しをしなくてはならない。悪魔とともにできる最高の芸当は、悪魔が抵抗できないようなダンスを踊ることだよ」（マニュエル・ロザンタール著、マルセル・マルナ編、伊藤制子訳『ラヴェル——その素顔と音楽論』／春秋社／p195）

悪魔すら閉口するような蠱惑的なダンス——この悪魔とは何を指すのか。どこからともなくやってきて、人間を心地よくさせ、その魅力で心を奪い、いつの間にか異界へ引き込んでいく存在。人間を支配する悪徳の感情なのだろうか。人間の背徳や悪徳の存在を認めながら、それに向き合い苦悩するというより、歩みを合わせながら一気に断ち切る。これもまた、興味深い物語の展開と結末である。

地球上ではこのように、人間の良心や意志、または自然の摂理によって、絶妙なバランス調整が起きているのではないだろうか。

我々個人個人の物語は、またはこの世界や地球の物語は、これからどこへ向かっていくのか。すでに歴史の一ページになった出来事は完結した物語として捉えられても、現在進行形や未来形の物語はまだ行方がわからない。ちょっとしたきっかけで思いがけない展開を見せるかもしれないし、急激な進展や揺り戻しがあるかもしれない。

いずれにしても、一部の権威だけでなく、これからは誰もが創造者の１人として、物語の展開に関わる。そんな時代になるのではないだろうか。

20世紀半ばにジョン・ケージが作曲した「４分33秒」のように、偶発性に意味を見出しながら、ベートーヴェンのような意志力や構築力が求められる時代に。

1人1人が創造者となるために③

意識の成長～進化した意識で未来を描く

本質的なことに気づく力

物質的な豊かさや、経済的成長を最優先事項として推し進めていた時代は、すでに過去になりつつある。

昨今のサブスクリプション方式のビジネスや消費動向、サーキュラー・エコノミー（循環型経済）などへの転換は、まさに、物質的・数量的な豊かさよりも、精神的・質的な豊かさを求める傾向を表しているといえる。

過去は「より多く、高いものを、所有する」という足し算的な考え方であったが、これからは「より少なくとも、本質的なものを、生かす」と引き算×掛け算的な考え方にシフトしていくだろう。それは経済成長ではなく、精神的な成長、意識や魂の成長といえるだろう。

では、意識の成長とは何だろうか？

まず、本質的なことに気づく力である。

確かに我々の知識量・情報量は、前時代までとは比べ物にならないほどに増幅している。しかし情報が多ければいいのだろうか？　情報に埋没して自分自身を見失ってはいないだろうか？　そもそも、何が大事なのだろうか？　どのようにすれば本質に迫ることができるのだろうか？

それは、「忘れる」ことかもしれない。

幹を見るために、枝葉末節を忘れるということである。

つまり抽象的思考力である。

そのためには、具体的事象をいったん忘れ、大局的な物事の流れを見極めることも大事なのだ。

「『よく遊ぶ』あいだは、『よく学んだ』ことを一部、忘れることができる。頭の中のものを整理するのが忘却だから、よく学んでいくらか固くなった頭を、遊びによってゆるめる。そのあと、頭は爽快になって、新しいことをとり入れることが容易になる」（外山滋比古著『忘れる力　思考への知の条件』／さくら舎／p30）

「過去の体験を私たちは抽象化し、生きていくためのスキルとして蓄積できるようになるのです。（中略）忘却し、曖昧な記憶をもつというのは、進化した生物の特権（中略）高度な思考のためには、忘れることが必要」だという（佐々木俊尚著『時間とテクノロジー』／光文社／p92〜94）。

「忘れる」ことが高度な思考に結びつくというのは、一見矛盾しているように聞こえるかもしれない。

しかし、それが過去の出来事をそのまま繰り返すのではなく、その中から本質を抽出して形を変えて生かすための知恵となる。これは精神的な成長へとつながる、高度な知性といえるだろう。

これはまた、対象から離れて見ることでも得られる。

ショパンは「忘れる」人ではなかったかもしれないが、故郷ポーランドから「離れる」ことでかえって郷土の音楽や民謡の価値を強く感じ、それらを洗練する形で作品にした。故郷の懐かしい民謡や民俗音楽、マズルカやポロネーズなどのメロディやリズムは、20歳でウィーンを経てフランスに移り住んだ後、パリでの都会生活でもノアンでの田舎生活でも、片時も離れることはなかった。

快活な曲もあるが、マズルカOp.33－4のように快活さもありながら、独特の憂いや空虚な心が反映されたようなマズルカには、一層の郷愁の念が込められているようだ。

一方、勇壮なポロネーズは人生の推進力であり、未来への希望でもあったかもしれない。

「幻想ポロネーズ」Op.61には、ポロネーズの様式を越えた幻想性と精神の自由さが垣間見え、自己を超えて人類の未来へ希望を託しているかのようだ。民俗音楽と分かちがたく結びついている地域性を手放したからこそ、そこに人類共通の魂を見出したのかもしれない。

そして、このようなショパンの創造行為は、透徹した霊感と徹底した収斂で成り立っていたのだ。

「より大きな全体」への気づき

もう1つは、より広い視点を得て、大我を育てることである。

第6章でも触れたが、「より大きな全体」への気づきはますます大事になるだろう。その「より大きな全体」が可視化されてきていることもあり、国境を越え、領域を超え、年代を超え、同じ精神をもった人々とつながりやすくなっている。

さらに今は奇しくも新型コロナウィルス騒動により、おそらく史上初めて、人々は同じときに同じ問題に向き合っている。そして地球は1つであることをあらためて実感している。これは宇宙から見た地球と似たような視点ではないだろうか。宇宙飛行士の毛利衛氏は、このように述べている。「人類という枠組みをも超え、地球生命のひとつとしてそのつながりを自分の中に取り込み、他の生命を尊重しながら共に生きていけるかどうか。それが、人類が今後生き延びるための鍵になると私は思います」（毛利衛著『宇宙から学ぶ――ユニバソロジのすすめ』／岩波書店／p139〜140）

「より大きな全体」とは生命体全体といえる。とはいえ、いきなりそんなに大きな視点をもつのは難しいかもしれない。

でも実は「より大きな全体」の一部はいつでも目の前や足元にある。そして自分の心の内にある。

左脳は「わたし」と「わたしでないもの」とを分けて自我を確立するが、右脳はすべての生き物のつながり合いを見るという。「全体論的な考え方――『わたし』対『彼ら』というような思考様式の放棄―を知る人が増えるにつれ、地球を征服するのではなく尊重したいという思いが広がっている」（レナード・シュレイン著、日向やよい訳『ダ・ヴィンチの右脳と左脳を科学する』／ブックマン社／p289、323）

つまり、自分の中に「わたし」と「世界」を発見するのだ。

自分を受容し、自分の中に世界を見出す

足元にある花にも、「わたし」の物語を見出したのはシューベルトだ。ゲーテの詩に曲をつけた「野ばら」は、荒野に咲く赤い野ばらを少年が荒々しく摘み、野ばらは運命に従うし

かなかった……という小さく可憐な花の運命を表現している。

花を摘んでしまうのは無邪気な男の子だが、本人に悪気はなくとも、大地に根差している花を傷つけてしまったことに変わりはない。もしかしたら少年や野ばらに象徴されているのは、運命を決定づける世界と、その運命に翻弄される自分の関係かもしれない。この詩に共感したシューベルトは、いかにも可憐で繊細な曲をつけている。そしてその繊細な心は、自分にも他者にも、足元にある小さな自然にも、目に見えない神や霊の世界にも、隔たりなく向けられている。

ピアノソナタ第21番D.960（第3章既出）は、瞑想状態における自己との対話のようでもあり、それが神や天界といった異次元界へもつながっているようでもある。シューベルトにとってはすべてが「わたし」の物語であり、境界線はどこにもないのだ。

さまざまな物語を自分の内に見出し、融合させたのはモーツァルトだろう。いかにも人間らしく、紛れもない「わたし」個人でありながら、「あなた」という他者を内包し、「人類全体」をも語る音楽。

ピアノソナタ第16番K.545の生まれたばかりのような純粋無垢さを、ピアノ協奏曲第21番の第2楽章や第24番のシンプルな音色を包み込む温かみと慈愛を、ピアノ協奏曲第23番第2楽章（第2章既出）やクラリネット協奏曲第2楽章の、人類が経験してきたさまざまな悲哀を象徴するような旋律とハーモニーを、オペラ『魔笛』の夜の女王のアリア（第2章既出）での風刺を込めた怒りの表現を、弦楽四重奏と2本のホルンのための『音楽の冗談』でのずっこけるような滑稽味を、『レクイエム』K.626での荘厳な祈りを、聴いていただきたい。

人間の歓びも哀しみも、怒りも恐れも、愛も嫉妬も、滑稽も皮肉も、喜劇も悲劇も、自分も他者も、すべて「それが人間だよね。僕もあなたも同じだよね」と包み込む。人類への慈愛と諦観と達観が、モーツァルトの音楽には共存しているのではないだろうか。

だから、個人としてのあらゆる感情や主観的意識から生まれながら、身体や知能の部分的アップデートする「超人」思想や、データフロー化された集合知に劣らぬほど、人類全体にも共鳴する音楽なのだと感じる。

これは、自分、他者、世界へ向けられた鋭い観察眼（愛ある眼差し）のなせるわざだろう。自分の中に他者の目をもち、他者や世界の中に自分を見る。このミクロとマクロの視点、自分と相手の視点、それらを軽やかに統合できるのが、本当の「超人」の目や心ではないだろうか……。

自分を受容し、自分の中に世界を見出すこと。その接点を感じたところで、創造を始めること。それが誰かの救いや解決策となること。それが未来の姿なのだろう。知能だけでなく、それを生かす意識を携えて。そうして未来世代の社会は、1人1人が創造者になる。

1人1人が創造者となるために④

愛～創造の源はどこにでもある

愛と音楽の関係性

では、あらためて創造の源とは何だろうか。

人は何かを創造するとき、膨大なエネルギーと情熱をかけて、対象を研究し、試行錯誤をし、そして形を創り上げる。その過程で起きる失敗や予想を覆されることも、目標へ向かうワンステップであると捉える。白熱電球や蓄音機などを含む1000以上の発明や技術革新を行った発明家トーマス・エジソンも「1％のインスピレーション、99％の努力」という言葉を残している。

創造にかける情熱。

それを一言でいえば、愛なのではないだろうか。

「誰かを救いたい」「世界をよりよく変えたい」「この問題を解決したい」「真理を追究してこの世界を解き明かしたい」「皆を幸せにしたい」――そうした思いの源、つまり1％のインスピレーションは、純粋な愛につながっているのではないだろうか。そして完成にまで至る99％の道のりもまた、その愛に支えられているのだろう。

愛というのは、自分という生命を愛することでもあり、他者とつながる喜びでもあり、世界を創造する楽しみでもある。自分自身の内なる情熱に従って追い求めるもの。他者からの依頼や外部からの影響であったとしても、自分自身の魂に触れるもの。

そして、それと同じようなものが、音楽ではないだろうか。

音楽は愛の表現であり、愛の表出である。愛を謳う音楽は数多ある。恋人や生涯の伴侶に向けた愛、子どもに向けた愛、故郷に向けた愛、自然に向けた愛、自分自身に向ける愛……。また愛を直接的に謳わなくとも、音楽の根源には何らかの愛がある。

それぞれの「愛」と「創造」の形

たとえば、ショパンは心のわずかなゆらぎや微妙な機微を、極めて美しく洗練された音で表現した。

ノクターン第5番Op.15－2（第2章既出）は、やや哀愁を帯びたアンニュイな表情をもつ曲である。音が半音上がるとき、半音下がるとき、音が高く跳躍するとき、音が深く沈み込むとき、不協和音が一瞬響くとき、それが優美な協和音へと解放されるとき、音がふと途切れるとき、装飾音符やトリルが多彩で繊細な表情を見せるとき、ショパンの心の奥には見逃せない動きがあったと思わせる。

しかしその心の叫びを、直接的に大袈裟に表現するのではなく、あくまで優雅にかつ丁寧にすくい上げるように音を選ぶのである。それはショパンが内なる自分自身を愛し、その表出した姿である自分の音楽を愛しているからこそであろう。

一方、愛の表現でもっともわかりやすいのは、身近にいる大切な人に向かう愛かもしれない。

たとえばシューマンは、妻クララに対する溢れんばかりの愛を表現している。彼女はシューマンの霊感であり、作曲の原動力でもあったのだろう。シューマンの音楽をもっとも身近で聴き、もっとも理解し、もっとも演奏したのもクララだった。クララの父による強い交際反対にあいながらも、思い叶って結婚が決まり、歌曲「献呈」をクララに贈っている。「あなたは私の魂、私の心」（リュッケルトの詩）から始まり、身も心も1つになった喜びに満ち溢れている。

さらにお互いに、「クララ・ヴィークの主題による変奏曲」（ロベルト作曲）、「シューマンの主題による変奏曲」（クララ作曲）を書いている。2人の愛の証は、至るところに刻まれているのだ。

一方、この夫妻と大変親しかったヨハネス・ブラームスも、いつしかクララを思うようになる。弦楽六重奏曲第2番Op.36 第3楽章アダージョの抜粋譜とともに、「僕の言葉よりずっと多くを語ってくれる」とクララへの手紙に綴ったことも。しかし、恩人でもあるシューマンへの敬意と遠慮から、一歩引いて見守る友情を選んだとされる。

それでもブラームスの音楽の端々にはクララへの深遠なる慕情と、どこか達観した人間愛まで感じ取れる。これもまた1つの愛の形なのだろう。

その愛が、数多くの聴衆、ひいては社会全体に向いたのはリストだった。

当代随一の人気ピアニスト・作曲家として各地で演奏旅行を重ねながら、さまざまな芸術事業や学生、孤児、学校、教会、洪水被災者への寄付なども行い、またシューマン、シューベルト、ワーグナーなど同時代芸術家の編曲を通して、その作品普及や才能発掘にも貢献した。またピアノの魅力や能力を最大限に生かすために、極端に幅広い強弱をつけ、あらゆる発想記号を用い、他楽器のような音質や奏法を求め、極限まで超絶技巧を凝らしたピアノ曲の作曲を試みた。その1つが超絶技巧練習曲S.139（第2章既出）である。

そしてピアノ1台でオーケストラのような音響効果の実現を目指し、ステージ上のパフォーマンスも誇張したような身振りさえも辞さなかった。音楽は劇的な物語であるといわんばかりに。実際リストは交響詩というジャンルを開拓し、ヴィクトル・ユーゴーの叙事詩と同名の『マゼッパ』S.100などを作曲している（超絶技巧練習曲にも「マゼッパ」ピアノ編曲版あり）。

「私は芸術の車を押しているのです。すべて偉大で美しいものは神の賜物で、それに奉仕するのは私の義務なんだよ。その作者が私であろうと誰であろうと、そんなことはまったく問題ではない」（ホルシャニ著、木村毅訳『ハンガリー狂詩曲――フランツ・リストの恋と生活』下巻／旺文社／p102）。

伝記物語のこの言葉が、まさにリストを表している。


愛は人間だけでなく、その作曲家が生まれ育った郷土にも向けられる。

ドヴォルザークはニューヨークの音楽院院長就任のため渡米した後、故郷チェコを思いながら交響曲第9番『新世界より』を書いた。新天地を象徴する勇壮な音の合間に、故郷の舞踊を思わせるリズムや郷愁を誘う音色が響く。離れているからこそ愛が募る、物理的距離が離れていても心理的な距離はますます近くなる――そんな愛の力も感じさせる。

一方、バルトークの郷土愛は民俗音楽研究という形で昇華された。ハンガリー、ルーマニア、スロバキアなどの諸地域に残る民俗音楽研究に勤しみ、その旋律などを用いてさまざまな創作を行った。「弦楽器、打楽器とチェレスタのための音楽」（第2章既出）には、そんな研究成果の一端がそれとなく溶け込んでいる。この数年後、第二次世界大戦に突入したヨーロッパとナチス政権の侵攻から逃れるため、バルトークは米国に亡命した。米国で過ごした晩年期の作品（「管弦楽のための協奏曲」など）には、戦争によって引き裂かれた祖国への思いがにじみ出る。

愛は言葉や分野も超える。

ストラヴィンスキーは古代から近代までのあらゆる文化や文献に興味を示し、それらをモティーフに作曲した。中でも古代スラヴ社会の太陽信仰をモティーフにしたバレエ音楽『春の祭典』（第2章既出）は、大胆極まりない不協和音の連続や、古典的バレエの枠を超えた振付もあいまって、初演されたパリで物議をかもした。その他、古代ギリシア神話を題材にしたオペラ『オイディプス王』、万葉集や古今和歌集から抜粋した和歌に曲をつけた『3つの日本の抒情歌』、18世紀の作曲家ジョバンニ・バッティスタ・ペルゴレージの楽曲などをアレンジしたバレエ『プルチネルラ』などを書いた。

「何かを創作しようとするためには、ダイナミズムが必要だ。エンジンが必要なのである。

そして、愛情以上にどんな力強いエンジンがあるだろうか」（ヴォルフガング・デームリング著、長木誠司訳『〈大作曲家〉ストラヴィンスキー』／音楽之友社／p125）。その愛情は国も時代も超えて、山部赤人や紀貫之など、奈良・平安時代を代表する詩人たちの感受性にも向けられたのである。

ドビュッシーは人間のあらゆる感情――官能から背徳までも含めて――を認め、自らの肉体と感覚で経験し、それを音に表現した。具体的な事象そのものを描くというより、その下に潜んでいる人間の生々しい感覚を描いているのである。

たとえば『「牧神の午後」への前奏曲』は、牧神パンがニンフと戯れる情景を描いたステファヌ・マラルメの詩「牧神の午後」を踏まえているが、冒頭フルートの艶めかしい独奏から官能性を象徴的に描いている。無伴奏フルート曲「シランクス」（第3章既出）も思い出していただきたい。

交響組曲『春』も同様である。春の情景そのものではなく、生あるものもないものも苦しみながら萌え出て花開いてゆく、その生々しい生命を描いている。

『3つのノクターン』より第1曲「雲」（第2章既出）も、雲の情景描写のみならず、さまざまに形を変えていく捉えどころのない現象に対する神秘性を謳っているようである。5音音階を用いた東洋風の音色が象徴しているように。なお、この第3曲「シレーヌ」は歌詞のない女声合唱とオーケストラで演奏されるが、これは交響組曲『春』の第1稿（管弦楽と女声合唱）でも用いられた手法であり、究極の艶めかしさや官能性の象徴としての声が追究されている。

ドビュッシーにとって、表層には表れない深層にあるものこそが生の現実であり、それを象徴的に描いた象徴主義の詩人や芸術家と親交を結んだのであった。

愛は同志を呼び、人間愛を呼び覚ます。

フランスの作曲家フランシス・プーランクは、第2次世界大戦中にカンタータ『人間の顔』を作曲し、その最終曲「自由」で失われゆく自由を渇望した。

学校の机やノートから始まり、日常生活のあらゆるものを1つ1つ愛情を込めて名指しし、「僕は君を名づける」と繰り返す。そして「そのために僕は生まれた、君を『自由』と名づけるために！」と声高らかに締めくくられる。言論統制や身体的拘束など究極の状況にあっても、奪われることのない精神の自由と人間としての誇り。それは究極の人間愛なのだと教えてくれる。

この曲は、この志と理念を共有するパブロ・ピカソへ献呈された。

また同じ頃、オリヴィエ・メシアンは、ナチス占領下のフランスにおいて捕らえられ、強制収容所に収容された。そこで音楽仲間とともに演奏するために『世の終わりのための四重奏曲』（第3章既出）を書いた。極限の状況で求めたのは、神への愛、同志への愛、そして平和への祈りではなかっただろうか。

愛はまた、思想を超え、新しい時代を創る。

J・S・バッハはバロック時代の末期において、それまでのさまざまな技法や様式を集大成的に用いいながら、一方では平均律という新しい理論に挑戦している。その思想は制限なく開かれている。

バッハはプロテスタント系ルーテル教会の礼拝曲であるカンタータ（カンタータBWV4「キリストは死の縄目につながれたり」第2章既出）や讃美歌であるコラールだけでなく、カトリック教会の典礼音楽であるミサ曲ロ短調も書いている。音楽は宗派すら超える、とバッハは信じていたに違いない。

一方、平均律とは1オクターブを均等に12等分する音律の理論で、これによって転調が容易にできるようになった。その理論を反映させたのが「平均律クラヴィーア曲集」（第2章既出）であり、各12の長調・短調を順番に網羅的に使用した曲集である。理論上可能であることはすべて実践したい――意気揚々と大海に乗り出すバッハの静かな大志が、1曲目となる可愛らしいハ長調の前奏曲に感じられる。新しい時代を予感させるように。

法則、数字、技法といった科学的なものに、深遠なる神秘や愛といった究極の人間らしさを見出せるのは、バッハ自身が先進的な思考のもち主でありながら、敬虔なルター派プロテスタント教徒でもあり、人知を超える大いなる存在を信じていたからかもしれない。

創造の源は、どこにでもある。自分が信じる限り。

第7章 PLAYLIST

〈観察と発見～「いま・ここ」の表層から深層へ〉

バルトーク・ベーラ　ピアノ曲集『子供のために』第2巻Sz.42より第29曲「お母さん、親愛なるお母さん」、第31曲「星よ、星よ、明るく輝いておくれ」

ルートヴィヒ・ヴァン・ベートーヴェン　交響曲第6番『田園』第1楽章、交響曲第9番第4楽章

〈物語の創造～どこまで進めるのか？　進めていいのか？〉

ルートヴィヒ・ヴァン・ベートーヴェン　ピアノソナタ第23番「熱情」Op.57

ロベルト・シューマン　ピアノ曲集『森の情景』Op.82より第7曲「予言の鳥」、『幻想小曲集』Op.12より第3曲「なぜに」、連作歌曲『詩人の恋』Op.48

モーリス・ラヴェル　管弦楽曲およびピアノ曲『ラ・ヴァルス』

ジョン・ケージ　「4分33秒」

〈意識の成長～進化した意識で未来を描く〉

フリデリク・ショパン　マズルカOp.33‐4、「幻想ポロネーズ」Op.61

フランツ・シューベルト　歌曲「野ばら」

ヴォルフガング・アマデウス・モーツァルト　ピアノソナタ第16番 K.545第1楽章、ピアノ協奏曲第21番K.467第2楽章、クラリネット協奏曲K.622第2楽章、弦楽四重奏と2本のホルンのための『音楽の冗談』K.522 第2楽章、『レクイエム』K.626より「イントロイトゥス（入祭唱）」

〈愛～創造の源はどこにでもある〉

フリデリク・ショパン	ノクターン第5番Op.15－2
ロベルト・シューマン	歌曲「献呈」（歌曲集『ミルテの花』Op.25第1曲）、ピアノ曲「クララ・ヴィークの主題による変奏曲」（ロベルト作曲）Op.14、ピアノ曲「シューマンの主題による変奏曲」Op.20（クララ作曲）
ヨハネス・ブラームス	弦楽六重奏曲第2番Op.36第3楽章アダージョ
フランツ・リスト	交響詩『マゼッパ』S.100、超絶技巧練習曲S.139より「マゼッパ」
アントニン・ドヴォルザーク	交響曲第9番Op.95『新世界より』第4楽章
バルトーク・ベーラ	「弦楽器、打楽器とチェレスタのための音楽」Sz.106 第4楽章
イーゴリ・ストラヴィンスキー	歌曲『3つの日本の抒情歌』「Akahito（山部赤人）」「Mazatsumi（源当純）」「Tsaraïuki（紀貫之）」
クロード・ドビュッシー	『「牧神の午後」への前奏曲』、『3つのノクターン』より第3曲「シレーヌ」
フランシス・プーランク	カンタータ『人間の顔』より第8曲「自由」
オリヴィエ・メシアン	『世の終わりのための四重奏曲』より第8曲「イエスの不滅性への讃歌」
J・S・バッハ	ミサ曲ロ短調BWV232より「キリエ」、「平均律クラヴィーア曲集」第1巻 第1番ハ長調 前奏曲とフーガ

おわりに～音楽で身体と心を揺らし、新たな世界の扉を開く

21世紀に生きる我々は、つねに大量の情報の中で生きている。数字、統計データ、文字情報、画像、映像から離れ、ただ空間に漂う音に身をゆだねるとき、我々の心身には何が起きるだろうか？

音と、コンピューター画面に並ぶ数列や文字との大きな違いは、それが空気を揺るがすかどうかである。

その空気の振動は、人間の情動や感性に直接作用する。

歴史的にも、数字や文字が開発されるだいぶ前から、音楽（または音声・発声による音）は存在していた。声を発することで自己表現したり、人と人を結びつけたりしてきたのである。

事前知識や翻訳技能がなくとも、文化的背景が異なっても、情動は伝わり合うことを示し

ている。そう考えると、音楽を聴く、歌う、演奏する、他者と共演するということは、ゆらぎを全身で感じること、ゆらぎを生み出すこと、そしてゆらぎを共有することではないだろうか。

ゆらぎは、人体や自然界に存在する。

音楽は、そこに新たなゆらぎを生み出す存在なのではないだろうか。

最先端の科学技術教育・研究機関であるＭＩＴに、音楽学科と演劇学科があるのも偶然ではない。どちらも音や声、動作や仕草によって成り立っている。

そして、この世界にあるさまざまな物語を紡いでいる。それは、きわめてパーソナルでエモーショナルな動機で生まれたものから、コミュニティや国などの共同体のために創られたもの、より普遍的な愛や平和を願って綴られたもの、宇宙に思いを馳せるものまで、さまざまなスケールの作品が存在する。

音の世界に身をゆだねることによって、普段意識することのない感受性が喚起されたとき、人はこの世界を新たに発見し、新たな関わりを見出すのだろう。

音楽で、身体を、心を、揺らしてみよう。それは左右の脳をも揺らす。

すると、離れていたものがふっとつながっていくかもしれない。または自分が捉われていた枠に気づいて、そこから自由になる解放感を感じるかもしれない。
自分の対極にまで揺さぶられたときに、初めて大事なものを発見できるかもしれない。そうして、創造者への一歩を踏み出すのだ。

◆謝辞

最後に、本書取材・執筆にあたりご協力いただきました、ＭＩＴ音楽学科教授・講師の先生方、学生たちに、心よりお礼申し上げます。諸先生方の音楽に対するアプローチ、学生への興味深い問いかけ、授業の創り方などには大変感銘を受けました。また、ＭＩＴメディアラボ副所長の石井裕先生に心より感謝申し上げます。日進月歩の世界において１００年以上先を見据える先見性、ならびに「真のビジョンは永続する」の一言は心に深く残りました。そして音楽テクノロジー関連で貴重なご助言をくださった小池宏幸さん（Piascore 株式会社代表取締役）、そして本書取材・執筆の機会をくださった、あさ出版の皆さんに厚く御礼申し上げます。ＭＩＴの音楽授業を通して、音楽の意義や今後の生かし方についてあらためて考える機会となりました。

なお、先述の通り、新型コロナウィルス対策のため、ＭＩＴでは春学期後半はほぼすべてオンライン授業へ移行されました。したがって本書でご紹介した内容と少し変化した部分もありますが、講義よりも学生のプレゼンやグループワークを中心にしたり、ゲストアーティストにＺＯＯＭ出演していただいたりと、工夫を重ねているようです。

音楽の授業に反映されているＭＩＴの変わらぬ創造精神が、ぜひ伝われば幸いです。

著者紹介

菅野恵理子（すがの・えりこ）

音楽ジャーナリストとして海外での豊富な音楽教育取材・国際コンクール演奏評をもとに、音楽で人を育て、社会を繋げることをテーマとして調査研究・執筆・講演などを行っている。

著書に『ハーバード大学は「音楽」で人を育てる』『未来の人材は「音楽」で育てる』（共にアルテスパブリッシング）。

オンライン連載に『海外の音楽教育ライブリポート』（ピティナ HP）などがある。

上智大学外国語学部卒業。在学中に英ランカスター大学へ交換留学し、社会学を学ぶ。

全日本ピアノ指導者協会研究会員。

●ホームページ
https://www.erikosugano.com/

MIT マサチューセッツ工科大学《こうかだいがく》　音楽《おんがく》の授業《じゅぎょう》
世界最高峰《せかいさいこうほう》の「創造《そうぞう》する力《ちから》」の伸《の》ばし方《かた》

〈検印省略〉

2020年　9 月 20 日　第 1 刷発行
2020年　11 月 22 日　第 2 刷発行

著　者――菅野　恵理子（すがの・えりこ）
発行者――佐藤　和夫

発行所――株式会社あさ出版
〒171-0022　東京都豊島区南池袋 2-9-9 第一池袋ホワイトビル 6F
電　話　03 (3983) 3225 (販売)
　　　　03 (3983) 3227 (編集)
F A X　03 (3983) 3226
U R L　http://www.asa21.com/
E-mail　info@asa21.com
振　替　00160-1-720619

印刷・製本（株）ベルツ

facebook　http://www.facebook.com/asapublishing
twitter　http://twitter.com/asapublishing

ISBN978-4-86667-228-1 C0030